Silvia Maritsch-Rager

Die Pflanzensprecherin kocht

vegetarisch vegane Gaumenfreuden

Silvia Maritsch-Rager ist Mode-, Modell- und Schnittdirektrice, ihre Rezepte zeigen ihre Kreativität.

Naturgetreue Speiseabbildungen

8990 Bad Aussee

ISBN 3-9501529-2-X

Layout: Silvia Maritsch-Rager
Umschlaggestaltung: Silvia Maritsch-Rager (eigener Ofen)
Farbfotos: Ortwin Maritsch
Konzeption, Küche und grafische Gestaltung: Silvia Maritsch-Rager
Druck: kb-offset Kroiss & Bichler GmbH&CoKG Regau

Silvia Maritsch-Rager

Die Pflanzensprecherin kocht

vegetarisch-vegane Gaumenfreuden

Alle Mengeneinheiten sind für ca.4 Personen berechnet.

Inhalt

Einleitung

Der allgemein bekannte griechische Philosoph und Mathematiker Pythagoras (um 600v.Chr.) war der Urvater der Vegetarier, die als Pythagoräer bezeichnet wurden.

Die Gründer der britischen vegetarischen Gesellschaft prägten im Jahr 1842 das Wort Vegetarier, welches seine Wurzeln im lateinischem Wort

vegetus=gesund, frisch, kräftig hat.

Des Wortes ursprüngliche Bedeutung beinhaltet mehr als nur die Ernährung von Gemüsen und Früchten, nämlich eine philosophisch moralisch ausgewogene Lebenseinstellung. Sokrates, Plato und Epikur betrachteten Ernährung als Grundbedingung für ihre Philosophie.

Sage mir was du isst, und ich sage dir was du bist!

Meine Motivation zu diesem Buch

Jeder Mensch, der ernsthaft nach dem Lebenssinn sucht, gelangt an einen Punkt, wo er das Töten von Tieren zur eigenen Esslustbefriedigung mit seinem Gewissen nicht mehr vereinbaren kann.

Durch die Wellnessbewegung beeinflusst, wenden sich immer mehr Menschen dem Vegetarismus zu, aber aus Mangel an Überzeugung und Schmackhaftigkeit kehren viele später wieder zu ihren alten Essgewohnheiten zurück.

Auf der Suche nach „Ersatz" musste ich feststellen, dass nur wenige Rezepte in den angebotenen Kochbüchern meinem Gaumen entsprachen.

Ausschauhaltend nach naturbelassenen, mir noch unbekannten Lebensmitteln und Gewürzen, stöberte ich in Naturkostläden, Reformhäusern und Bazars, um mit diesen Schätzen zu Hause zu experimentieren.

Meine langjährigen Auslandsaufenthalte und beruflichen Fernreisen erweiterten meinen kulinarischen Horizont, der sich in den Rezepten wiederspiegelt. Meine österreichischen Wurzeln bilden die Basis und umranken die Rezepturen.

Irgendwann fing ich an meine Koch-Erkenntnisse niederzuschreiben und das Resultat halten Sie in Ihren Händen.

Es gibt keine bessere Art zu essen, sei es in Bezug auf Gesundheit, Geschmack oder spirituellen Fortschritt

Beweggründe zur vegetabilen Kost:

Ethik

Ethischer Vegetarismus beginnt mit dem Wissen der Gefühle und Empfindungen anderer Lebewesen, die unseren gleichen.
Das Leben von Geburt bis zum Tod bei der Massentierhaltung von Schlacht-und Pelztieren, entsprechen oft Höllenvisionen.
Abnormale Nahrung (BSE Skandal), Mastanlagen, Kastrationen, Hormonbehandlungen, Antibiotika, Verstümmelungen, lange qualvolle Transporte bis hin zum grausamen Tod, begleiten die Tiere.

Viele Menschen würden Vegetarier werden, wenn sie die Tiere selbst schlachten müssten.
Die Sehnsucht nach einer friedvolleren Gesellschaft.
Bei der Suche nach der Wahrheit werden manche Menschen zu Vegetariern.
Mathama Gandhi sagte, dass ethische Prinzipien stärkere Argumente als gesundheitliche sind. Der geistige Fortschritt verlangt ab einen gewissen Punkt, dass wir aufhören unsere Mitlebewesen zur Befriedigung unserer körperlichen Verlangen zu töten.
Die Größe und den moralischen Fortschritt einer Nation kann man daran messen, wie sie ihre Tiere behandeln.
Leonardo da Vinci schrieb: Der Mensch ist der König der Raubtiere, er überragt alle an Brutalität.
Pythagoras sagte vor 2600 Jahren: Diejenigen, die Tiere töten um Fleisch zu essen, neigen auch dazu Ihresgleichen zu töten.

Gesundheit

Menschen laden zur Mahlzeit ein.

Unsere Anatomie spricht gegen die Anschauung, dass der Mensch ein Allesfresser sei. Vergleichende Studien ergaben, dass das Gebiss und Verdauungsorgane des Menschen nicht für fleischzentrierte Ernährung geschaffen sind. Zähne, Kiefer, Verdauungssystem, Magensäure und Speichel sind den Pflanzenfressern gleich.
Der menschliche Darm ist durch seinen langen Darmtrakt, der die 6-fache Körperlänge beträgt, nicht für die Verdauung von tierischem Eiweiss geeignet (Magensäure). Fleischfressende Tiere haben einen kurzen Darmtrakt, der die 3-fache Körperlänge beträgt.
Sobald ein Tier geschlachtet wird, beginnt der Zersetzungsprozess.

In medizinischen Forschungen wurde das direkte Verhältnis zwischen Fleischessen und Krankheiten wie Herzkranzgefässe, Arteriosklerose, Krebse wie Darmkrebs, Gebärmutterkrebs, Brustkrebs erwiesen. Japanerinnen und Inderinnen erkranken kaum an frauenspezifischen Krebsen. Pflanzliche Kost ist ihre natürliche Ernährungsweise.

Anektote:Der bekannte deutsche Arzt Dr.Erwin Baelz (1849-1913), lehrte westliche Medizin an der Uni in Tokio, war Leibarzt des japanischen Kaisers und berichtete, dass seine Rikschafahrer mit einer handvoll Reis ihn spielend über Berge und Höhen ans Ziel brachten, während ihre Leistung sehr schnell nachließ, als er sie mit Fleisch ernährte.

Religion

Die heiligen Schriften aller Weltreligionen fordern die Menschen auf unnötiges Töten zu vermeiden.

Ökologisch-Ökomenisch

Die Massentierhaltung durch ihre Landverschwendung, hoher Energieverbrauch, Verschmutzung von Wasser und Luft, kann ein Grund sein.
Viele Futtermittel werden in ärmeren Erdteilen angebaut.
Eine Unmenge von Getreide wird an Tiere verfüttert, welches das Ernährungsproblem der Weltbevölkerung lösen könnte.
Für die Produktion von 1 kg Fleisch wird ca.7-10 kg Getreide, je nach Art der Tierhaltung, verfüttert.

Wissenschaftliches

Die „American Dietetic Association" stellte fest, dass der größte Teil der Menschheit während der Menschheitsgeschichte von vorwiegend oder rein pflanzlicher Nahrung lebte und der überwiegende Teil der Weltbevölkerung lebt noch heute so.
Erst durch die moderne Massentierhaltung in den Industrieländern begann der Anstieg des Fleischverzehrs mit den Kühltransporten.

Vegetarische Ernährungsformen

Alle vegetarischen Ernährungsformen schließen den Konsum von-Fleisch, Fisch und Meerestieren aus.

Ovo-Lacto-Vegetarier essen Eier, Milchprodukte, pflanzliche Kost

Lacto- vegetabile-Vegetarier essen Milchprodukte, pflanzliche Kost

Veganer ernähren sich ausschließlich von pflanzlicher Kost.
Sie lehnen alle tierischen Produkte wie Eier, Milchprodukte und Honig ab, sowie das Tragen von Bekleidung und Produkten, die tierischen Ursprungs sind (Leder,Wolle,Seide etc.)

Veganer Rohköstler lehnen gekochte Nahrung ab, essen vorwiegend frische vegetabile Lebensmittel, gemahlene Samen und Nüsse.
Essen alles was die Pflanze als Wurzeln, Früchte und Samen bildet.

Fructarier essen ausschließlich Früchte, Beeren, Samenkörner, Nüsse von Pflanzen, die sich von den Gewächsen selbstständig lösen.

Sonnenkostler bevorzugen wegen des hohen Photonengehaltes Obst und Gemüse, welches über der Erde wächst.

Ernährungssysteme

Makrobiotik

griechisch „Makro" heißt groß, „Bios" heißt Leben

Anfang diesen Jahrhunderts gründete der japanische Arzt Dr. Sagan Ishizuka diese Gesundheitsdiät und Georges Ohsawa machte diese Lehre und Ernährungsform, genannt als das „Einzige Prinzip", populär.

Die Grundlage von Makrobiotik basiert auf das weibliche sich ausdehnende Prinzip Yin und das männliche sich zusammenziehende Prinzip Yang. Jedes Lebewesen, jede Pflanze besteht aus ihrem eigenen Gleichgewicht und dem Zusammenspiel von Yin und Yang.

Die makrobiotische Standarddiät besteht aus:

50% Vollkorngetreide wie Reis, Dinkel, Weizen, Hafer, Buchweizen, Bulgur, Couscous, auch durch Seitanprodukte(=Weizengluten) ergänzt 30% gekochtes, gebratenes oder gedünstetes Gemüse aus der Region wie Fenchel, Spinat, Kürbis, Karfiol, Broccoli, Kohlsprossen keine Nachtschattengewächse wie Kartoffeln, Tomaten, Paprika, Auberginen 10% Hülsenfrüchte wie verschieden Bohnen, Linsen ergänzt durch Tofu und Tempeh, 5-10% Meeresgemüse wie Algen, Gras und Tang (Nori, Wakame,..) 5-10% Suppen der Saison entsprechend, mit Miso und Tamari gewürzt. Zusätzlich werden täglich milchsaures gegorenes Gemüse, Trockenfrüchte und Nüsse gegessen. Obst wird abgelehnt.

Das Fünf-Elemente-Ernährungssystem

Aus der Traditionellen Chinesischen Medizin (TCM) ist vor 3000 Jahren die ganzheitliche Fünf-Elemente-Ernährungslehre entstanden. Diese Entwicklung stammt aus dem Taoismus, der seine Erkenntnisse aus Naturbeobachtungen und das Verstehen kosmischer Zusammenhänge gewinnt, dass alles in ständiger Bewegung ist. Darauf basiert auch die Einteilung von Nahrungsmitteln in Elemente Holz, Feuer, Erde, Metall und Wasser.

Wesenskern der TCM ist das Gleichgewicht der Energien im Körper, Ying und Yang. Die TCM dient zur Erhaltung der Gesundheit mit dem Verständnis, den menschlichen Körper als ein Gesamtsystem zu sehen.

Jede Pflanze, jedes Lebewesen oder Substanz ist entweder als Yin oder als Yang charakterisiert.

Nahrungsmittel (auch tierische) werden entsprechend ihrer thermischen Wirkung in Kathegorien eingeteilt. Es gibt heiße, warme, neutrale, erfrischende und kalte Nahrungsmittel. Diese theoretische Einteilung nach den Fünf-Elementen richtet sich nach dem Fütterungszyklus, d.h. in der Reihenfolge Holz-Feuer-Erde-Metall-Wasser. Die taoistische Kochkunst kocht in der Reihenfolge der Elemente und versucht alle Geschmacksrichtungen bei der Zubereitung der Mahlzeiten zu berücksichtigen. Auf diese Weise wird das Essen harmonisch, rund und wohlschmeckend.

Ayurveda

„Ayur" heißt Leben, „veda" heißt Wissen in Sanskrit.

Das über 5000 Jahre alte Gesunderhaltungssystem von Ayurveda, die ihren Ursprung in Indien hat, ist das älteste bekannte Heilsystem der Welt. Ayurveda bezieht die gesamte Person ein, die Seele, den Geist und den Körper. Nahrung ist die Quelle starker Heilkraft und beeinflusst Geist und Körper. Ein Ayurvedaprinzip ist Pflanzen, Kräuter und Nahrungsmittel der eigenen Gegend zu verwenden. Die ayurvedische Küche besteht aus vorwiegend vegetarischen frisch zubereiteten, leicht verdaulichen, basisch, nicht fermentierten Gerichten. Wichtig ist die Verwendung von frischer, leicht verdaulicher Nahrung, so weit wie möglich frei von Zusatz- und Konservierungsstoffen.

Aus den fünf Elementen Äther-Luft-Feuer-Wasser-Erde sind die Speisen aufgebaut. Ayurveda teilt in sechs verschiedene Geschmacksrichtungen ein, da diese verschiedene Auswirkungen auf den Körper haben.

Die ayurvedische Praxis unterteilt die Konstitutionstendenz eines Menschen in Vata-Kapha-Pitta, wonach sich die Auswahl der Lebensmittel und Gewürze richtet.

Trennkost

Der amerikanischen Arzt Dr. Hay entwickelte eine Ernährungstherapie, wo jegliches tierisches Eiweiß von Kohlenhydraten getrennt wird.

Im Vordergrund seiner Überlegungen steht die Übersäuerung.

Das richtige Verhältnis der Nahrungsmittelzusammenstellung soll 20% säurebildende und 80% basenbildende Nahrung sein.

Starke Säurebilder sind Fleisch, Fisch, Käse, Basenbilder sind Obst, Salate und Gemüse. Kohlenhydrate wie Getreide sind schwach säurebildend. Vorwiegend wird die Eiweißmahlzeit mit großem neutralen Gemüseanteil mittags gegessen, Kohlehydratmahlzeiten mit großem Gemüseanteil werden abends gegessen. Die Tagesverteilung richtet sich nach der Art der Arbeit des Menschen.

Fit for Life basiert auf derselben Grundlage wie die Trennkost.

Waerlandkost

Die Waerlandkost des finnischen Ernährungsforschers Are Waerland ist eine basische lacto-vegetabile Rohkostform, die durch die Getreidespeise Kruska, hergestellt aus verschiedenen Getreidearten, bekannt ist.

Es gibt weitere Ernährungsformen, die sich kaum von den hier angeführten unterscheiden

Hl. Hildegard von Bingen (1089-1179)

Sie hatte Visionen, die sie in lateinischer Sprache in drei Büchern niederschrieb, Scivias (Wisse die Wege), Liber Vitae Meritorum (dem Buch der Lebensverdienste) und Liber Divinorum Operum (Welt und Mensch) sowie ein medizinisches Werk, welches im Original nicht bekannt ist. Jedoch wurden Überlieferungen niedergeschrieben, Frau Bingen hat keinen Einfluß mehr darauf was alles von ihr behauptet und angeboten wird.

In ihrer ganzheitlichen Ernährungslehre stellen Lebensmittel immer gleichzeitig Heilmittel dar. Ihr wichtigstes Nahrungsmittel ist Dinkel.

In der Hildegard-Küche wird alles gekocht, gedünstet um zu entgiften.

Außerdem rät sie von Olivenöl, Leinöl, Leinsaat, Linsen, Kohl, Erdbeeren, Pflaumen, Ingwer und besonders Lauch ab. Alles saftige, flüssige wie Obst und Grünzeug soll bei der ersten Mahlzeit gemieden werden.

Es gibt noch eigentümliche Empfehlungen zum Thema trinken, wo sie Wein und Bier vor Wasser den Vorzug geben soll.

In unseren Breitengraden hält sich vielfach die Vorstellung von Vegetariern, die sich von Vogelfutter, Müsli und Beilagen im Restaurant ernähren. Deshalb seien sie auch grau-blass, haben einen zerknitterten Gesichtsausdruck, sind mager, schwächlich, blutarm und fanatisch.

Woher soll bei fleischloser Kost das Eiweiß kommen?

Proteinfrage - Wieviel Eiweiß braucht der Mensch?

Protein leitet sich aus dem griechischen Wort „protos" für erstes ab. Proteine sind aus Aminosäuren zusammengesetzte Grundbausteine des Lebens.

Der durchschnittliche menschliche Eiweißkonsum in Industrieländern ist um ein Vielfaches höher als benötigt. In den letzten zwanzig Jahren wurde durch Forschungen der empfohlene Eiweißbedarf von 150g auf **30-45g** reduziert, bzw. 0,8g pro kg Körpergewicht.

Stellen Sie sich vor Sie haben ein älteres Buch mit obigem Proteinbedarf!

Die Mär von Eiweißunterversorgung hat sich ins Gegenteil umgekehrt seit wissenschaftliche Untersuchungen ergeben haben, dass das Zuviel an Proteinen tierischer Herkunft nicht ausgeschieden, sondern durch Zerfall und Ablagerungen bekannt als Harnsäure, im menschlichen Körper zu Herz-Kreislauf-Gelenk und anderen Krankheiten führen kann.

Um den täglichen Eiweißbedarf zu decken, braucht man kein Fleisch essen.

Der Eiweißgehalt vieler Gemüsesorten übersteigt 20%, Getreidesorten haben durchschnittlich 12% Protein und die meisten Nüsse, Samen und Hülsenfrüchte weisen einen Eiweißgehalt von 20 bis 30% auf.

Hauptquellen von Eiweiß - Sojabohne, Amaranth, Quinoa, Milch, Gerste, Weizen, Mais, Wildreis, Haferflocken

Vitamine

Vitamine müssen mittels der Nahrung aufgenommen werden und sind für den geregelten Ablauf der Körperfunktionen unerläßlich.

Vitamin A - Brennessel, Brunnenkresse, Chicoree, Fenchel, Feldsalat, Hagebutten roh,Honigmelone, Sanddornbeeren roh, Mangold, Butter, Margarine, Kürbis, Petersilie, Karotten, Spinat, getrocknete Marillen (Aprikosen), Eigelb, Frischkäse,Vollmilch, Wirsing, Sauerkraut, Sauerampfer, Pekannüsse, Sesamsamen, Erdnüsse, Tahin,

Vitamin B1 - Hefeextrakt, Eigelb, Erbsen, Orangen, Vollkornbrot, Vollkornnudeln Kartoffel, Hülsenfrüchte, Reis, Getreidesprossen

Vitamin B2-Bierhefe, Vollmilch, Jogurt, Cheddarkäse, Vollkornprodukte

Vitamin B5 - Getrocknete Feigen, getrocknete Aprikosen, Avocado, Äpfel, Walnüsse

Vitamin B6 - Kohlsprossen, Hefeextrakt, Kohl, Mango, Bananen, Weizenkleie und Keime

Vitamin B12 - nur von Bakterien gebildet, Nervensystemfunktionen Hefeextrakt, milchsauer vergorenes Gemüse, Sauerkraut, Süßlupineneiweiß, Bier, Misoprodukte, Eier, Sesamsamen, Hüttenkäse, Eigelb, Sojamilch, Tempeh

Folsäure - Petersilienblatt, Erdnüsse, Pistazien, Sojabohne, Sojamehl, Kichererbsen, Sojasprossen, weiße Bohnen, Augenbohnen, Roggen, Weizen, Linsen, Grün-und Chinakohl, Erbsen, Kohlsprossen (Rosenkohl), Brokkoli, Spinat, Endivien, Feldsalat, Lauch, Wirsing, Fenchel, Avocado, Bierhefe

Vitamin C - Hagebutten, Sanddornbeeren, Brennessel, Sauerkraut, Karfiol(Blumenkohl), Grüne Paprika, Brokkoli, Papaya, Guave, Kiwi, Orangen, Kohl, Erdbeeren, schwarze Ribisel (Johannisbeeren)

Vitamin D - wichtig für Kalziumaufnahme und Knochenbildung

Sonne und frische Luft, Margarine, Pilze, Kohlsprossen (Rosenkohl), Kohl, Schnittlauch, Petersilienblatt, Spinat roh, Brunnenkresse, Brokkoli, Algen, Alfalfa Sprossen, Hagebutten

Vitamin E - Avocado, Sonnenblumenkerne, Sonnenblumenöl, Weizenkeimöl, Mandeln, Haselnüsse, Pinienkerne, Spinat, Müsli, Haferflocken

Vitamin H - Erdnussbutter, geröstete Erdnüsse, Haselnüsse, Mandeln, Walnüsse

Vitamin K- notwendig für die Blutgerinnung

Spurenelemente

Sind bedeutend bei der Verdauung und Verarbeitung der Nährstoffe.
Der tägliche Anteil von Spuren-Elementen beträgt unter 1g

Eisen- *Die Benützung von Eisenpfannen fördert die Eisenaufnahme!* Getrocknete Aprikosen, Trockenobst, Getreide, Samen, Sesamsamen, Hülsenfrüchte, Kleieflocken, grünes Blattgemüse, Melasse, Meeresalgen, Nüsse, Quinoa. Die Eisenaufnahme aus pflanzlichen Lebensmitteln wird durch Vitamin C gefördert. Hingegen kann schwarzer Tee und Kaffee die Eisenaufnahme um 40-50% verringern.

Chrom- Verbessert die Verwertung von Kohlehydraten (Diabetes) Mungobohnen, Azukibohnen, Kidneybohnen, Erbsen, Augenbohnen, Bierhefe, Vollkorngetreide, Nüsse

Kupfer - Sonnenblumenkerne, Erdnüssen, Zwetschken (Pflaumen), Vollkornbrot, Pilze

Mangan - Kokosflocken, Sojabohnen, Naturreis, Cashewnüsse, Tee Mandeln, Macadamianüsse, Pekannüsse, Haselnüsse

Selen - Cashewkerne, Walnüsse, Paranüsse, Sonnenblumenkerne, geschälter Reis, Vollkornbrot

Silicium - Rote Rüben, Reis, Gerste, Hafer, Hirse, Weizen, Zwiebeln, Alfalfa

Zink - Quinoa, Weizenkeime, Kürbiskerne, viele Käsesorten, Hafer, Roggen

Mineralstoffe

Sind u.a.notwendig als Baustoffe für das Knochengerüst , Blutbildung. Die Gesamtmenge des körperlichen Bedarfs liegt über 10g

Calzium - Tofu enthält 4x mehr als Vollmilch, grünes Blattgemüse, Sesamsamen, grüne Bohnen, Melasse, Meeresalgen, Edamer und Cheddarkäse, getrocknete Feigen

Kalium - Radieschen, Brunnenkresse, Pastinake, Spinat, Papaya, Passionsfrucht, Rote Paprikaschote, Rotwein, Pfirsich, Tomatenmark, Avocado

Magnesium - Kakaopulver, Erdnussbutter, Kürbiskerne, Sonnenblumen kerne, Quinoa, Popkorn, Rosinen

Natrium - Salz, Essiggemüse, Kleie, Vollkornbrot

Enzyme

Sind Inhaltstoffe unserer Nahrung und für unzählige Stoffwechselvorgänge verantwortlich. Bis jetzt sind etwa 12000 Enzyme der Wissenschaft bekannt.

Ananas (eiweißspaltende Enzym Bromelin) und

Papaya (Enzym Papein)sind natürliche Enzymlieferanten.

VITAM-R Hefeextrakt aus dem Reformhaus
ist ein ergiebiger Mineralstoff- und Vitaminlieferant.

Eine gesunde Ernährung trägt zum körperlichen und seelischen Wohlbefinden des Menschen bei

Je naturbelassener die Nahrung, umso vitalstoffreicher ist sie!

Vegetarische Warenkunde

Getreidearten - Kamutweizen, Weizen, Weizengrieß, Zartweizen, Roggen, Hafer, Mais, Maisgrieß, Reis, Hirse, Gerste, Dinkel, Dinkelgrieß und Grünkern (in der Milchreife geernteter und gerösteter Dinkel)

Bulgur - vorgekochter, getrockneter und geschroteter Weizen

Nach TCM binden alle Vollkorngetreide Schadstoffe

Dinkel ist der wichtigste Bestandteil der Hildegard-Küche

Glutenfreie Lebensmittel

Buchweizen (Heidemehl), Reis, Hirse, Mais, Maisstärke, Amaranth, Kartoffelmehl, Quinoa, Hanfmehl, Grieß, Grütze, Polenta, Kichererbsenmehl, Kastanienmehl, Couscous, Reis-und Glasnudeln, Agar-Agar, Guarkernmehl, Johannisbrotkernmehl, Pfeilwurzmehl

Polenta - Maisgrieß, glutenfrei

Amaranth - Fuchsschwanzgewächs, Zusatzstoff bei Babynahrung, glutenfrei

Quinoa - Reismeldengewächs, glutenfrei

Wildreis- Samen eines wildwachsenden Samengrases, glutenfrei

Reisnudeln - aus chinesische Mihoennudeln, glutenfrei

Glasnudeln - aus Mungobohnen sind Soe-oen, glutenfrei

Buchweizen - Knöterichgewächs wie Rhabarber, glutenfrei

Couscous - feingeschroteter Hartweizengrieß, glutenfrei

Kastanienmehl - Samenfrucht des Kastanienbaumes

Hanf - Hanfgewächs, glutenfrei

Alternativen zu Ei und Milch

Sojamehl fett- 1 El Mehl mit 1-2 El Wasser anrühren

Ei-Ersatz - aus Maisstärke, Sojaeiweiß, Palmöl

Sojamilch - den Geschmack der verschieden Anbieter ausprobieren

Sojajogurt, Sojacreme, Sojasahne, Sojamayonnaise können wie herkömmliche Milchprodukte verwendet werden

Kokosmilch- gibt es schon überall, oder man stellt sie selbst her:
Kokosraspel in Wasser einweichen, ausdrücken, fertig

Kokoscreme - schmeckt sehr lecker und rund, hat aber 18% Fett

Kokosnusspulver - in Kaffee, Kakao, in Soßen wunderbar

Reismilch und **Hafermilch -** sind eine Frage des Geschmackes

Kohlehydratfreie Bindemittel (Diabetiker)

pflanzliche Bindemittel sind kohlenhydrat- und glutenfrei

Johannisbrotkernmehl - aus den Früchten des Johannisbrotbaumes

Pfeilwurzmehl (Arowroot)- aus der Wurzelknolle der Arowpflanze

Guarkernmehl - aus dem Samen des Guarkernstrauches

Agar-Agar - aus Rotalgen hergestellt, wird als pflanzliche Gelatine verwendet.

Tapioka - wird aus den Wurzelknolle des Maniokstrauches gewonnen, in Granulatform zum Eindicken

Sagostärke-aus dem Stamm der Sagopalme gewonnen, Granulatform

Weinsteinpulver - entsteht als Ablagerung bei Weingärungsvorgang

Seitan - köstliche Alternative zu Fleisch. Wird aus Vollweizen durch Herauswaschen und Trennung von Kleie und Stärke vom Eiweiß (Gluten) gewonnen und anschließend in einem Gewürzsud gekocht.

Zum Panieren, Backen, Grillen und Braten geeignet.

Soja ist die älteste Kulturpflanze der Welt mit hohem Eiweißgehalt, reich an Vitaminen, Mineralstoffen und den 8 essentiellen Aminosäuren. Eine vegetarische Ernährung ohne Sojaprodukte ist kaum denkbar.

Alle Sojaprodukte sind glutenfrei, cholesterinarm und ballaststoffreich

(für Diabetiker wichtig: 45g Sojamehl-fett=1BE)

Tofu- frisches Sojaeiweiß, hat keinen Eigengeschmack und passt sich hervorragend anderen Lebensmitteln an

Geräuchert oder marinierter Tofu - sind essfertig als Jause oder zum Mitkochen

Sojasteakli, Sojastücke und Sojagranulat - die pflanzliche Alternative zu Fleisch

Tempeh- delikate Sojabohnenmasse durch Schimmelpilz gereift, enthält Vitamin B12

Lopino- (Käseersatz) sehr eiweißreich, gluten-, cholesterin-, purin-, lactose-und hefefrei. Wird aus den Samen der Süßlupinen hergestellt. Dient als knusprige Kruste beim Überbacken von Aufläufen etc.

Keimlinge

Samenkörner sind Vorratsspeicher von allen wichtigen Nährstoffen. Keimlinge haben einen hohen Vitamin-und Enzymgehalt und eignen sich speziell in der Winterzeit für eine vitaminreiche Nahrung.
Sojabohnen, Mungobohnen, Bockshornklee, Alfalfa, Kresse...

Kaltgepresste hochwertige biologische Pflanzenöle
sind reich an ungesättigten Fettsäuren wie extra natives Olivenöl, kaltgepresstes Sonnenblumenöl, Distelöl, Maiskeimöl, Sojaöl, Sesamöl, Traubenkernöl, Walnussöl, Erdnussöl, Weizenkeimöl, Rapsöl, Kürbiskernöl, Mandelöl, Leinöl, (Trüffelöl!)

Gesättigte Fettsäuren sind mit Wasserstoffatomen angereichert.

Wenig gesättigte, viel ungesättigte Fettsäuren verwenden

Mascarpone - Milchprodukt mit 3facher Rahmstufe, Brotaufstrich in Italien

Ricotta- ist ein Molkeprodukt aus Schaf, Ziege oder Kuhmilch

„Süß ist der Geschmack der Mitte"

Rohrrohzucker-getrockneter Pflanzensaft aus Zuckerrohr, malz-honig ähnlicher Geschmack

Agavendicksaft - aus dem Herz der wilden Agave, 18g=1BE

Ahornsirup - vom kanadischen Zuckerahornbaum, 23g=1BE

Fruchtzucker - in allen süßen Früchten enthalten, 12g=1BE

Melasse - Nebenprodukt der Zuckerherstellung

Stevia - ca.10-15x süßer als Zucker (Diabetiker!)und gehört zu den Chrysanthemengewächsen

Gewürze mit ihren Heilwirkungen sind die Quintessenz der Speisen
Unbekannte Würzmittel erst kosten und dann würzen!

Carob - Kakaoersatz, Frucht des Johannisbrotbaumes

Galgant - Ingwer ähnlich, scharf-aromatisch bitter

Gomasio - ist eine Salz-Sesammischung Verhältnis 15:1

Hefeextrakt - zum pikanten, salzsparenden Würzen, glutenfrei

Kreuzkümmel - stark aromatisch, Curries, Chilies, Pickles, Käsegewürz

Miso - fermentierte Sojabohnenpaste zum Würzen

Salz- 5g Kochsalz decken etwa die Hälfte des Jodtagesbedarfes.

Ich empfehle grobes Steinsalz oder Meersalz, kann in einer Salzmühle verfeinert werden. Am ursprünglichsten ist Bergkern-Salz!

Schabizgerklee - würzige Note, für Käse und Roggengebäck, unbedingt probieren!

Schinusfrüchte - pikante Note, Frucht von Peruanischen Pfefferbaum

Tahin - Sesampaste

Die Geschmacksknospen von Rauchern erfordern möglicherweise eine intensivere Würze als die angegebenen Mengen in den Rezepten.

Lebensmittel sind möglichst naturbelassene, vollwertige, pflanzliche Nahrungsmittel mit einem hohen Lichtwert (Photonengehalt).
Tierische Produkte weisen einen geringen Lichtwert auf, weil sie ursprünglich auf die in Pflanzen gebildeten Stoffe zurückgehen.
Deshalb gehören sie zu den Nahrungsmitteln.

Im Winter sind **scharfe-warme Nahrungsmittel** der beste Schutz gegen Kälte. Der scharfe warme Geschmack spielt eine wichtige Rolle bei Erkältungskrankheiten.

Viele scharfe Gewürze und Gemüse haben eine weiße Farbe wie Radieschen, Rettich, Knoblauch, Ingwer, Zwiebelgewächse.(durch Schwefelverbindungen entstehen beim Schneiden von Zwiebeln Tränen)

Wärmende Gewürze - Ingwer, Muskat, Kümmel, Zimt, Nelken,Vanille, Kurkuma, Wacholderbeeren, Sternanis, Piment, Pfeffer, Cayennepfeffer, Paprika, Kren, Kümmel, Kreuzkümmel, Kardamom, Anis, Curry, Estragon, Chili Nelken, Ingwer, Kardamom, Knoblauch, Koriander, Kümmel, Oregano, Rosmarin, Kakao, Thymian, Petersilie, Basilikum, Senf, Fenchel, Curry

Kalte erfrischende Gewürze - Salbei, Estragon, Kresse

Verdauungsfördernde Gewürze - Kümmel, Fenchel, Anis, Pimpinelle, Bohnenkraut, Majoran, Pfefferminze, Senf, Ysop, Ingwer, Zimt, Kardamom, Koriander, Kurkuma, Nelken, Dill, Petersilie, Pfeffer

Verdauung
Die Verdauung von Frucht-und Obstsäften beträgt etwa 15 Minuten, Obst und Salat zwischen 20-30 Minuten, Bananen, Datteln und Trockenfrüchte 45-60 Minuten, Mahlzeiten mit Fleisch mindestens 8 Stunden.

<u>Hochwertige Lebensmittel mit fachkundlicher Beratung sind in Reformhäusern, Naturkostläden und Bioläden erhältlich.</u>

Hippokrates sprach, lass das Essen deine Medizin sein, lass Medizin deine Nahrung sein.

Ananassalat

(Bild Seite 61)

Ananas mit eiweißspaltenden Enzym Bromelin,
ist ein natürlicher Enzymlieferant

Zutaten:
2 Scheiben frische Ananas (ca.180g)
1/4 Tasse Vogerlsalat
4 Blatt Eissalat
1/2 Fenchelknolle
1 grüne Paprika
1/2 Aubergine
3 El Kürbiskerne

Gewürze:
2 El Kürbiskernöl
2 El Traubenessig
1/2 Tl Senf
eventuell Roter Pfeffer
Salz

BE:ca.2

nach Belieben Croutons bzw. in Öl angeröstetes Knödelbrot

Zubereitung:
Kürbiskerne in etwas Olivenöl anrösten bis sie springen. Aubergine in Olivenöl anrösten.
Die Ananas in Stücke und den Fenchel in Streifen schneiden.
Vogerlsalat, Eissalat waschen und mit den Händen in angenehme Teile reißen. Die Paprika in Streifen schneiden und mit Ananas, Fenchel und zerpflückten Salat mischen.
Aus Kürbiskernöl, Traubenessig, Senf, Salz und Pfeffer eine Marinade mixen, über den Salat gießen und abmischen.
Kürbiskerne und roten Pfeffer darüber streuen.

Auberginensalat

Zutaten:
1 Aubergine
2 Tomaten
1 Zwiebel
1 grüner Paprika
Saft einer halben Zitrone

Gewürze:
2 El Olivenöl
1 El Balsamicoessig
1/16l Wasser
1/2 El Tomatenmark
Kerbel, Estragon, Petersilie
Salz und Pfeffer

Zubereitung:
Auberginen der Länge nach aufschneiden, salzen, etwas stehen lassen, abspülen und in Olivenöl anbraten. Tomaten vierteln, Paprika in Streifen schneiden, Zitronensaft auspressen und mit Auberginen mischen.
Aus Öl, Essig, kleingeschnittenen Kräutern, Tomatenmark, Salz und Pfeffer eine Marinade mixen und über den Salat gießen, vermengen und ca. 1 Stunde ziehen lassen.

Apfel-Spinatsalat mit Walnüssen

Zutaten:
3 Äpfel
2 El Balsamicoessig
2 El Apfelsaft,
2 El Walnussöl
50g Walnüsse
etwas Zitronensaft
1 handvoll Spinat

Gewürze:
1/2 Tl Zucker oder Süße
1 Tl Gewürzsenf
1 Prise Muskatnuss
Salz

BE: ca.3

Zubereitung:
Äpfel achteln, feinblättrig schneiden und mit Zitronensaft betreufeln.
Balsamicoessig, Apfelsaft, Walnussöl, Salz, Zucker, Senf , Muskatnuss zu einer Soße verrühren.
Spinat in Streifen schneiden, mit den Äpfeln, Walnüssen und der Soße mischen.

Champignonsalat mit Orangensaft

Durch den hohen Vitamin A Gehalt von Chicoree und Vitamin C von Orangensaft gibt dieser Salat einen Energieschub.

Zutaten:
1/4kg Champignons
1 Chicoree
1 Frühlingszwiebel
1 Blutorange
grüner Salat der Saison

Gewürze:
1 El Sojasoße hell
Salz und Pfeffer

BE:ca.1

Zubereitung:
Die Champignons blättrig schneiden, den Chicoree quer in 5mm streifen und die Frühlingszwiebel klein schneiden.
Die Orange auspressen und mit Sojasoße, Salz und Pfeffer würzen und über die Champignons gießen.
Alle Zutaten kurz durchmischen und eine halbe Stunde ziehen lassen.
Auf grünen Salatblättern anrichten.

Cole Slaw Salat

(Bild Seite 50)

Ein sehr saftiger Wintersalat, den ich erstmalig in einem englischem Delikatessengeschäft in Almansil, Portugal, genoss.

Zutaten:
300g Weißkraut (1/2 Kopf)
eventuell 50g Rosinen
200g Karotten
1 Eigelb
1/8l Mandelöl (8 El)
(veganer nehmen fertige Sojanaise)

Gewürze:
2 El Essig
1/2 Tl scharfer Senf
1/2 Tl Zucker oder Süße
Salz und Pfeffer

BE:ca.2,5

Zubereitung:
Das Weißkraut hacheln und die Karotten grob reiben.

Das Mandelöl mit Senf, Essig, Eigelb, Zucker oder Süße, Salz und Pfeffer cremig schlagen bis sie dicklich wird.
Die Soße mit dem Kraut, Rosinen und Karotten vermischen und mindestens 1/2 Stunde ziehen lassen.

Angeröstete Mandeln verhübschen den Salat.

Karfiolsalat mit Jogurtdressing

(Bild Seite 38)

Zutaten:
1 Karfiolrose
1/4l Naturjogurt
1 Zwiebel
Schnittlauch
1-2 El ungeschälter Sesam

Gewürze:
3-4 Koriandersamen gest.
1 Msp. Muskatnuss
2 El Essig
1 El Sesamöl
Salz

BE:1

Zubereitung:
Den Karfiol in Röschen teilen, in Salzwasser weichdünsten und abseihen.

Die Zwiebel und Schnittlauch fein schneiden und mit dem Jogurt, Muskatnuss, Koriander, Salz, Essig und Sesamöl verrühren.

Das Dressing über die noch warmen Karfiolröschen gießen und vorsichtig untermischen.

Ungeschälten gerösteten Sesam über den Salat streuen.

Karottensalat mit Gurken

Zutaten:
1/4 kg Karotten
1 Salatgurke
50g Mandeln gehobelt
ev. ein paar (50g) Datteln gehackt

Gewürze:
2 El Mandelöl
1 El Apfelessig
1 Prise Zucker oder Süße
1 Msp. Zimt
Cayennepfeffer

BE:ca.3

Zubereitung:
Karotten schälen und raspeln. Gurken schälen, Kerne mit einem Löffel herausschaben, in Stücke schneiden und mit Karotten mischen. Mandeln in einer fettfreien Pfanne hellbraun anrösten.

Öl, Essig, Zimt, Cayennepfeffer, Zucker und Salz mixen und über den Salat gießen. Eventuell Datteln untermischen und mit Mandeln bestreuen.

Karottensalat mit Ingwer

Karotten, Ingwer und Rosinen sind basisch.

Zutaten:
1/2 kg Karotten
1 Tl Ingwer frisch gerieben
1 Orange
1/8l Orangensaft
Rosinen
Nussessig oder Apfelessig
Sesam Öl

Gewürze:
1Tl Gewürzsenf
1 Prise Zucker oder Süße
1 El (20g) Rosinen
Salz und Pfeffer

BE:ca.4

Zubereitung:
Die Karotten waschen, schälen und hacheln.

Eine Marinade aus Orangensaft, Öl, Essig, Ingwer, Senf, Zucker oder Süßstoff, Salz und Pfeffer verrühren.

Die Marinade über die Karotten gießen, Rosinen beigeben und den Salat ziehen lassen.

Kartoffelsalat mit Kapern

Ein etwas anderer Kartoffelsalat, den ich in Südfrankreich kennen lernte

Zutaten:
1/2 kg Kartoffel
2 rote Zwiebel
1-2 El Kapern
4 El Olivenöl
3 El Weißweinessig
auch Mayonnaisesoße geeignet

Gewürze:
1 Msp. Muskatnuss
Salz und Pfeffer

BE:ca.6,6

Zubereitung:
Kartoffeln kochen, schälen und auskühlen lassen.
Zwiebel fein nudelig schneiden. Kartoffel in Scheiben schneiden und mit den Zwiebel vermengen.
Olivenöl, Weißweinessig, Salz und Pfeffer mischen und über die Kartoffeln gießen, Kapern darüber streuen und unterheben und durchziehen lassen, abschmecken, fertig.

Rotkrautsalat

(Bild Seite 40)

Zutaten:
200g Rotkraut
1 Apfel
1 Orange
1Tl Zitronensaft
1 Tl Gewürzsenf
1/8l Orangensaft

Gewürze:
1 Tl Ahornsirup
1 El Apfelessig
1 El Nussöl
1 Msp. Cayennepfeffer
Salz

BE:ca.3,5

Zubereitung:
Rotkraut fein nudelig schneiden.
Orangen schälen und in kleine Stücke schneiden.
Apfel schälen und raffeln.
Senf mit Orangensaft, Ahornsirup oder Süße, Salz Cayennepfeffer, Apfelessig und Nussöl zu einer Marinade verrühren und über das Rotkraut gießen.
Orangen und Äpfel untermengen, den Salat durchziehen lassen und abermals abschmecken.

Reissalat

(Bild Seite 43)

Ein erfrischender Sommersalat als Essen an heißen Tagen

Zutaten:
100g Reis
2 Tomaten
1 kleine Zucchini
1/2 Aubergine, Gemüse der Saison
Oliven
2 El Olivenöl

Gewürze:
1 Tl Dijonsenf
1 El Oregano
etwas Thymian

BE:ca.6,6

Zubereitung:

Reis in 3-facher Menge Salzwasser dünsten. Aubergine länglich aufschneiden und in Öl anbraten.

Olivenöl mit Essig und Senf verrühren und geschnittenes Gemüse und Kräuter untermischen. Reis dazugeben und nochmals abschmecken.

Auf Salatblättern anrichten.

Sauerkrautsalat

Die Milchsäure im rohen Sauerkraut begünstigt die Darmflora.
Eine Abwechslung als leichtes wärmendes Abendessen mit Kümmelweckerl?

Zutaten:
1/4 kg Sauerkraut roh
1 Apfel
1 apfelgroßes Stück Kürbis
1/8l Jogurt
1/16l Apfelssaft
2 El Rahm oder Sojacreme

Gewürze:
1 Prise Kreuzkümmel
1 Prise Koriandersamen
Salz

BE:ca.2

Zubereitung:
Apfel und Kürbis raspeln.
Kreuzkümmel und Koriandersamen im Mörser zerstoßen.
Jogurt mit Apfelsaft und Rahm verrühren und mit Salz würzen.
Sauerkraut mit Apfel und Kürbis, Kreuzkümmel, Koriandersamen und Jogurtsoße mischen, etwas ziehen lassen und servieren.

Mit Orangenspalten schmeckt der Salat besonders gut

Tomatensalat französisch

Als ich in Paris Zucker in die Salatmarinade streute, waren die anwesenden Franzosen entsetzt

Zutaten:
1 kg Tomaten

Vinaigrette:
1 Tl Dijonsenf
4 El Olivenöl
1-2 El Rotweinessig
Salz und Pfeffer

Zubereitung:

Den Tomaten einmal die Haut einschneiden, in heißes Wasser legen bis sich die Pelle leicht lösen lässt und häuten. Anschließend halbieren, die Kerne vorsichtig herausquetschen und in ca. 8mm Scheiben schneiden. Diese Scheiben auf einen großen Teller fächerartig verteilen.

Das Öl mit Essig, Senf, Salz und Pfeffer eher cremig verrühren und auf die Tomaten träufeln.

Tip: unbedingt Trüffelöl kaufen und ein paar Tropfen auf Salatblätter oder Tomaten träufeln!

Blattsalate mit Avocadosalatsoße

In Frankreich werden Blattsalate nach dem Waschen mit einer eigenen Blattsalatschleuder trocken geschleudert, was für mich anfänglich sehr befremdend wirkte.

Alle Blattsalat wie Kopfsalate, Radiccio, Rucola, Löwenzahn, Spinat......

Zutaten- Soße:
1 Avocado
1 El Zitronensaft
Olivenöl
1 Knoblauchzehe
Salz und Pfeffer

Zubereitung:

Die Avocado mit einer Gabel zerdrücken und mit Zitronensaft, Salz und Pfeffer, Olivenöl, Essig und Knoblauch würzen.

Den Salat waschen, in mundgerechte Teile teilen und mit der Soße mischen.

Eignet sich hervorragend für alle Blattsalate

Gemüsebrühe-Grundrezept

Zutaten:

1 1/2 kg Gemüse der Saison wie
Karotten, Sellerie, Lauch, Zwiebeln, Weißkraut,
Wirsing, Karfiol (Blumenkohl), Kohlsprossen, Kohlrabi.....
3 Petersilienwurzeln
3 Lorbeerblätter
2 Knoblauchzehen
1/2 Bund Petersilie
etwas Estragon, Kerbel....
6 Pimentkörner
Olivenöl
ca. 2 1/2l Wasser

Zubereitung:

Das Gemüse putzen, nicht schälen und grob schneiden.

In einem Topf Olivenöl erhitzen und Zwiebel hellbraun anrösten.

Bis auf Blattgemüse, Gemüse den Zwiebeln zugeben, kurz anrösten, mit geschlossenen Deckel im eigenen Saft noch etwas dünsten lassen und mit Wasser aufgießen. Blattgemüse am Ende der Garzeit zugeben.

Die Gewürze dem Sud zugeben und das Ganze ca 1 Stunde bei schwacher Hitze köcheln lassen. Das Gemüse aus der Suppe abgießen.

Zum portionsweise Einfrieren muss die Suppe um ca. 1/3 sich reduzieren und ein „Konzentrat" werden.
Anschließend in Eiswürfelförmchen portionieren.

Die Suppe kann auch in Einweckgläser eingeweckt werden.

Avocadosuppe

(Bild Seite 64)

Die Avocadofrucht ist reich an Fett, Mineralstoffen und Vitaminen
Zur Reife die Avocados in Zeitungspapier einwickeln und
dunkel lagern, aber nicht vergessen!

Zutaten:
1-2 Avocados
1/2l Gemüsebrühe
1/8l Mascarino oder Obers
1/8l Weißwein
1/8l Jogurt
1 Spritzer Zitronensaft

Gewürze:
1 Msp. Muskatnuss
1/2 Tl Salz
1 Knoblauchzehe
weißer Pfeffer

BE:0,5

50g geröstete Erdnüsse oder Knödelbrot zum Dekorieren

Zubereitung:

Die Gemüsebrühe aufkochen.

Die Avocado schälen, mit einer Gabel zerdrücken.

Mit Zitronensaft, Salz, Muskatnuss und Pfeffer würzen.

Avocado mit Weißwein in die Gemüsebrühe geben, die Suppe vom Herd nehmen und Obers und Jogurt unterrühren.

Mit dem Pürierstab die Suppe cremig pürieren.

Als Dekoration entweder:
ein paar Avocadoscheiben ganz lassen,
Erdnüsse darüber streuen oder
Knödelbrot knusprig in Öl anbraten.

Muskatnuss wirkt erhitzend, regt die Gallentätigkeit an und wirkt günstig auf die Leber.

Bananensuppe

(Bild Seite 33)

Bananen sind bekömmlich, basisch und leicht verdaulich.

Zutaten:
2 Banane
2 Zwiebel
1/2l Milch
1/2l Wasser
1/2 kg Kartoffel

Gewürze:
2-3 Knoblauchzehen
1 El Gemüsebrühwürze
1 Msp. Cayennepfeffer

BE:ca.6,6

Zubereitung:

Zwiebel würfelig schneiden, in Öl anrösten und mit Wasser aufgießen.

Kartoffel schälen, würfelig schneiden und mit Milch, Banane Knoblauchzehe, Gemüsebrühwürze und Cayennepfeffer köcheln lassen.

Mit einem Mixstab pürieren.

Eventuell einige Bananenscheiben hellbraun in Öl anbraten und die Suppe dekorieren.

Fenchel-Kartoffel-Birnensuppe

Fenchel wirkt basisch ausgleichend

Zutaten:
1 Fenchelknolle
1 große Kartoffel
1 große Birne oder
1/4l Birnensaft

Gewürze:
1 El Gemüsebrühwürze
1 Prise Fenchelsamen
1 El Sesamöl
Salz und Pfeffer

BE:ca.6

Zubereitung:

Die Fenchelknolle in Stücke schneiden und in Sesamöl anbraten.

Kartoffel und Birne schälen, würfeln und dem Fenchel beigeben.

Mit Wasser aufgießen und ca. 10 Minuten weichdünsten.

Anschließend mit Fenchelsamen, Gemüsebrühwürze, Salz und Pfeffer würzen.

Haferflockensuppe

Der Hafer ist ein besonders nahrhaftes Getreide. „Dem sticht der Hafer" ist ein Ausspruch, der mit der Kraft des Hafers in Verbindung steht.

Zutaten:
1 Zwiebel
50g Haferflocken
1 Stange Lauch
1/2 Becher Rahm (saure Sahne)
1l Wasser

Gewürze:
1 El Gemüsebrühe
Salz und Pfeffer
1 Prise Galgant

BE:ca.2,5

Zubereitung:

Zwiebel würfelig schneiden und in etwas Öl anrösten.

Lauch in schmale Ringe schneiden und ebenfalls der Zwiebel beigeben.

Die Haferflocken mitrösten und mit Wasser aufgießen.

Mit Gemüsebrühe, Salz und Pfeffer würzen und ca. 20 Minuten köcheln lassen.

Den Rahm unterrühren und eventuell mit Käse bestreuen.

Kastaniensuppe

Die Muskatblüten oder Macis ist der rote Samenmantel der Muskatnuss

Zutaten:
20 Kastanien
1 Kartoffel
1 rote Zwiebel
100g Mascarino oder Obers
1 1/2l Wasser

Gewürze:
1 El Gemüsebrühwürze
4 Muskatblüten
Salz

BE:ca.7,6

Zubereitung:

Kastanien einschneiden, in kochendem Wasser ca.10 Minuten weichköcheln und sofort schälen, da sich sonst die Haut schwer von der Frucht löst.

Zwiebel klein schneiden, in etwas Öl anbraten, geschälte gewürfelte Kartoffel zugeben und mit Wasser aufgießen. Kastanien in Stücke schneiden und der Suppe beigeben.

Mit Muskatblüte, Gemüsebrühwürze und Salz würzen. Die Suppe ca. 15 Minuten köcheln lassen, mit dem Pürierstab pürieren und Mascarino unterrühren.

Bananensuppe S.31

Kichererbsensuppe S.35

Radieschensuppe S.35

Kichererbsensuppe

(Bild Seite 34)

Nicht nur zum Kichern

Zutaten:
100g Kichererbsen
1 Zwiebel
1 1/2 l Wasser
1 El Gemüsebrühwürze
Petersilie
Salz und Pfeffer

BE:ca 2

Zubereitung:

Kichererbsen über Nacht in Wasser einweichen, Wasser abgießen und in Salzwasser weichkochen.

Zwiebel kleinschneiden, in Öl anbraten, Kichererbsen beifügen, mit Wasser aufgießen, Brühwürze und kleingeschnittene Petersilie beigeben und mit einem Pürierstab pürieren.

Radieschensuppe

(Bild Seite 34)

Die rosa Färbung der Suppe schmeichelt

Zutaten:
1 Bund Radieschen
1 Zwiebel
1 El Gemüsebrühwürze
1 El Mascarino
1 1/2l Wasser
Petersilie
Salz und Pfeffer
eventuell Mandelblätter

Zubereitung:

Zwiebel fein schneiden und in Öl anbraten. Radieschen putzen, vierteln und zu der Zwiebel geben. Mit Wasser aufgießen und mit fein gehackter Petersilie, Salz und Pfeffer würzen.

Mascarino in die Suppe einrühren ist das Tüpfelchen auf dem i.

Angeröstete Mandelblätter passen ausgezeichnet

Steirisches Kürbiskernöl
g.g.A.
Etwas ganz Besonderes

Kürbissuppe arabisch

(Bild Seite 36)

Diese Kürbissuppe schmeckt besonders unserem Gourmethund Kreuzkümmel, Koriandersamen, Kümmel sind wärmende Gewürze, gut für die Verdauungsorgane und wirken Blähungen entgegen. Kürbiskernöl ist ein vorzügliches Wundheilmittel bei Brandwunden, sowie durch Kälteeinwirkung aufgesprungene Hände und Füße

Zutaten:
1 kg Kürbis
1/2l Milch oder Sojamilch
1/2l Wasser
Salz

BE:2

Gewürze:
1/4 Tl Harissa (sehr scharf)
1/2 Tl Kreuzkümmel
1/4 Tl Kümmel
1/2 Tl Koriandersamen
1 El Gemüsebrühwürze
2 Knoblauchzehen

Zubereitung:
Den Kürbis schälen, entkernen und in Stücke schneiden und in Gemüsebrühe und Milch weich kochen.
Den Koriandersamen, Kreuzkümmel, Harissa, Knoblauchzehen, Kümmel und Salz beigeben und mit dem Pürierstab pürieren.

Kürbiskerne in Olivenöl anrösten bis sie hüpfen und in die Suppe springen.

Kürbissuppe mit Chicoree

Reicher Vitamin A Gehalt von Kürbis und Chicoree in Kombination mit dem hohen Mineralstoffgehalt von Sesam

Zutaten:
300g Kürbis
1 Chicoree
1 Zwiebel
50g Sesam
3/4 l Wasser
1/4 l Milch
Kürbiskernöl zum Verzieren

Gewürze:
1 El Rahm oder Sojacreme
1 Knoblauchzehe
1 Msp. Muskatnuss
1 Tl Dill
1/2 Tl Kümmel
Ysop, Petersilie
Salz und Pfeffer

Zubereitung:
Wasser und Milch sieden, Kürbis, Zwiebel und Chicoree in Stücke schneiden und in Wasser-Milchsud aufkochen, zurückschalten.

Mit Pfeffer, Muskatnuss, Kümmel, Dill, Ysop, Petersilie und Salz würzen und anschließend mit dem Mixstab pürieren und mit Rahm verfeinern. Mit Kürbiskernöl und etwas frischem Dill garnieren.

Mit dabei leicht geröstetes Brot!

Karfiolsalat S.24

Himbeer-Balsamico Spagetti S.73

Mandel-Karottensuppe

Karotten sind reich an Vitamin A und Karotin gibt der Haut ein frisches Aussehen. In Norwegen wird klimatisch bedingt Schulkindern das weltbekannte „Oslo-Frühstück" gegeben, das aus Haferflocken und frischen Karotten besteht.

Zutaten:
200g Karotten
100g Mandeln
3/4l Milch oder Sojamilch
3/4l Wasser
1 El Gemüsebrühwürze
1 Tl Salz
1 Msp. Muskatnuss ☺ BE:ca.5

Zubereitung:
Mandeln in heißes Wasser legen und aus der Haut drücken.
Karotten putzen und in Salzwassermilchgemisch weichdünsten.
Die Mandeln beigeben, mit Gemüsebrühwürze, Muskatnuss, Salz würzen und mit dem Pürierstab mixen.

Als Einlage harmonieren Zimtcroutons

Zimtcroutons

Zutaten:
ca. 100g Knödelbrot (bzw. trockene Brotwürfel)
1/16l Öl
1-2 Tl Zimt
1 Prise Salz BE:6,6

Zubereitung:
Fett in der Pfanne erhitzen, Knödelbrot durch Schütteln goldbraun rösten. Mit Zimt und Salz bestreuen, schwenken und der Suppe beistellen.

Croutons können auch mit etwas frischer Chili in der Pfanne angeröstet werden.

Rotkrautsalat S.40

Olivenkartoffelsuppe

Zutaten:
250g Kartoffeln
60g Rosinen
1 El Olivenpaste
2 Knoblauchzehen

Gewürze:
1 El Oregano
1 El Gemüsebrühwürze
1 Msp. Cayennepfeffer
Salz

BE:6,3

Zubereitung:
Kartoffeln schälen, würfeln und in Salzwasser kochen und mit dem Pürierstab pürieren.

Mit Gemüsebrühwürze, Knoblauch, Oregano, Cayennepfeffer, Salz und Olivenpaste würzen.

Die Rosinen in die fertige Suppe geben.

Brotwürfel in etwas Olivenöl anrösten und zur Suppe reichen.

Wirsingsuppe

Wirsing enthält sehr viel Vitamin A und
Kümmel bläst den Wirsing durch die Gedärme

Zutaten:
2 Kartoffeln
1/4 Wirsing

BE:2

Gewürze:
1 El Hefeextrakt Vitam-R
1 El Kümmel
1 El Rahm (saure Sahne)
1 Tl Salz
1 El Gemüsebrühwürze
1 Msp. Cayennepfeffer

Zubereitung:
Einen Liter Wasser zum Kochen bringen.

Die geschälten und grob geschnittenen Kartoffeln, sowie den grob geschnittenen Wirsing mit dem Gemüsebrühwürfel im Salzwasser weich dünsten.

Die Suppe mit Kümmel, Cayennepfeffer und Salz würzen.

Mit dem Pürierstab pürieren und mit etwas Rahm verfeinern.

Rahmsuppe
auch bekannt als
Saure Suppe

Durch ihre Bekömmlichkeit ist sie eine Genesungssuppe

Zutaten:
1/2l Milch
1/2l Wasser
1 Becher Rahm (Sojacreme)
2 El Mehl oder
2 Tl Johannisbrotkernmehl oder Bindemehl

Gewürze:
1-2 El Kümmel
1 Msp. Muskatnuss
Salz und Pfeffer

BE:4

Zubereitung:
Milch mit Wasser vorsichtig aufkochen und mit Pfeffer, Kümmel, Salz und Muskatnuss würzen.
Das Mehl oder Johannisbrotkernmehl im Rahm oder Sojacreme verrühren und unter die Suppe rühren.

Am schmackhaftesten zur Suppe sind gebackene Kartoffeln aus dem Ofen. Auch dunkles hartes Hausbrot in die Suppe einweichen ist ein Wohlgenuss.

Rosineneinbrennsuppe

Früher eine Arme-Leute-Suppe

Zutaten:
40g Mehl
1l Wasser
2 Zwiebeln
2 (40g) El Rosinen
1 El Margarine

Gewürze:
1 El Gemüsebrühe
1 Tl Zucker oder Süße
1 Msp. Muskatnuss
Salz und Pfeffer

BE:ca.4,6

Zubereitung:
Das Mehl OHNE FETT in einem Topf unter ständigem Rühren leicht bräunen, von der Herdplatte nehmen und mit einer Schneerute etwas Wasser einrühren bis eine leicht cremige Suppe entsteht, erst dann wieder auf den Herd stellen. Rosinen, Muskatnuss, Gemüsebrühe, Salz und Pfeffer beigeben und ziehen lassen.
Die Zwiebeln nudelig schneiden und mit Margarine in einer Pfanne anrösten, Zucker darüberstreuen und mit den Zwiebeln kurz durchrösten. Beim Servieren die Zwiebel auf den mit Suppe gefüllten Tellern verteilen.

Auch angeröstete Schwarzbrotwürfel eignen sich als Einlage.

Grünkernnockerl auf Weißkraut S.73

Reissalat S.26

Selleriesuppe - „ nicht nur für Männer "

Reichlich Sellerie gegessen wirkt harntreibend und die Frucht ähnelt äußerlich der menschlichen Blase

Zutaten:

1/2 Sellerieknolle
1/2l Milch
1/2l Wasser
1 El Gemüsebrühe
1 Msp. Muskatnuss
1/4 Tl Koriandersamen
Salz und Pfeffer

BE:2

Zubereitung:

Die Sellerieknolle schälen und würfeln.
Die Milch und Gemüsebrühe erhitzen und Sellerie darin weichkochen.
Am Tisch mit gerösteten Brotwürfeln bestreuen.

Tomatensuppe mit Olivenpaste

Zutaten:

1 kg Tomaten
1/2 l Gemüsesuppe
1-2 El Olivenpüree
3 Knoblauchzehen
1 El Thymian
Pfeffer und Salz
eventuell etwas Schlagobers und ein paar Basilikumblätter

Zubereitung:

Die Haut der Tomaten 1x einschneiden, in heißes Wasser legen, Haut abziehen, würfeln. Gemüsesuppe erhitzen und Tomaten beigeben, kurz aufkochen und mit Olivenpüree, gepressten Knoblauch, Thymian, Pfeffer und Salz würzen.

Zucchinisuppe mit Erdnüssen

Zubereitung:
1 Zucchini
1 Kartoffel
50g Erdnüsse
(ein paar für die Dekoration weglegen)
1/2l Milch oder Sojamilch
1/2l Wasser

Gewürze:
3 Knoblauchzehen
1 Msp. Cayennepfeffer
1 Gemüsebrühwürze
Salz

BE:ca.4

Zubereitung:

Den Zucchini würfeln und in Wasser und Milch weichdünsten.

Erdnüsse schälen und mit Knoblauch, Cayennepfeffer, Gemüsebrühwürfel und Salz würzen.

Mit dem Pürierstab pürieren und mit ein paar Erdnüssen dekorieren.

Aubergine mit Pilzfüllung

Zimt unterstützt die leichte Süße der Aubergine, wirkt harmonisierend auf den gesamten Verdauungsapparat und ist sehr bekömmlich.

Zutaten:
1 Aubergine
250g Champignons
50g Semmelwürfel
1 Zwiebel
50g Haselnüsse
1 El Rahm oder Sojacreme
1/8l Wasser
2 El geriebenen Käse oder ganze Haselnüsse

Gewürze:
1/2 Tl Zimt
1 El Gemüsebrühwürze
etwas Kümmel
Salz und Pfeffer

BE:ca.4

Zubereitung:
Die Aubergine halbieren, die Schnittflächen salzen, stehen lassen, waschen, die Mitte mit einem Esslöffel aushöhlen und kleinschneiden.
Die Zwiebel klein hacken und in etwas Öl anbraten.
Champignons blättrig schneiden und mit den Auberginenstückchen zu den Zwiebeln geben, kurz durchrösten.
Mit Salz, Pfeffer, Kümmel, Gemüsebrühwürze und Zimt würzen, mit Wasser aufgießen und ziehen lassen. Rahm, Haselnüsse und die Semmelwürfel hinzufügen, abmischen und in die ausgehöhlten Auberginen füllen. Mit etwas Käse bestreuen und im vorgeheizten Rohr bei 200°C ca. 1/2 Stunde backen.

Auberginenlasagne mit Zimt

Zimt ist basisch und wirkt anregend auf die Magennerven

Zutaten:
1 Aubergine
2 Zwiebeln
100g Sojagranulat
ca.10 Lasagneblätter
1/8l Gemüsebrühwürze
100g Käse

Gewürze:
1 geh.Tl Zimt
1 Tl Koriandersamen
2 El Hefeextrakt Vitam-R
5 Knoblauchzehen
Salz und Pfeffer

weiße Soße:
1/2l Milch oder Sojamilch
2 El Bindemehl oder
1 El Johannisbrotkernmehl
1 Tl geriebene Muskatnuss
1 Tl Salz

BE:ca.15,3

Zubereitung:

Aubergine der Länge nach aufschneiden, mit Salz bestreuen, ca.15 Minuten stehen lassen, waschen und der Länge nach in Scheiben schneiden.

Die Zwiebel kleinwürfelig schneiden und in etwas Öl anschwitzen.

Das Sojagranulat den Zwiebeln beifügen und kurz durchrösten.

Mit Koriandersamen, Zimt, Hefeextrakt, Salz, Pfeffer, Knoblauch würzen und mit Brühe aufgießen.

In einer Pfanne bodenbedeckt Wasser erhitzen (Fettsparmaßnahme) und die Auberginenscheiben darin weichdünsten.

Für die Soße Milch oder Sojamilch erwärmen, mit Muskatnuss und Salz würzen und mit Bindemehl oder Johannisbrotkernmehl eindicken.

Eine Auflaufform ausfetten und Auberginenscheiben auflegen.

Etwas Soße über die Auberginenscheiben streichen, zerquetschten Knoblauch darüber streuen und mit Lasagneblätter belegen.

Darauf eine Schicht Sojagranulatmasse streichen und wiederum etwas Soße aufstreichen. Mit Lasagneblätter belegen und so fortfahren, bis alle Zutaten verteilt sind.

Letzte Schicht bilden Lasagneblätter mit Soße bestrichen.

Darauf geriebenen Käse streuen und im vorgeheizten Rohr auf der unteren Schiene bei 180°C ca. 45 Minuten backen.

Auberginenlaibchen

Kümmel ist verdauungsfördernd und beugt Blähungen vor.

Zutaten:
1 Aubergine (ca. 500g)
400g Kartoffeln
80 g Vollkornmehl
1/8 l Olivenöl

Gewürze:
1Tl Salz
1El Basilikum
6 Knoblauchzehen
1/2 Tl geriebene Muskatnuss
1 Prise Kümmel
Salz und Pfeffer BE:ca.9,3

Zubereitung:
Aubergine halbieren, die Schnittflächen mit Salz bestreuen und 15 Minuten stehen lassen. Anschließend abspülen, schälen, in einer Pfanne bodenbedeckt Wasser erhitzen und die Aubergine darin weichdünsten.
Kartoffel in Salzwasser kochen und mit Gabel zerdrücken.
Die Aubergine mit Gabel zerdrücken, mit den Kartoffeln mischen und mit Vollkornmehl binden. Mit Kümmel, Basilikum, Salz, Pfeffer und zerdrückten Knoblauch würzen.
Mit einem Löffel Häufchen in eine Pfanne mit heißem Olivenöl setzen, etwas auseinanderdrücken und goldbraun braten.
Dazu empfehle ich grünen Salat und eventuell ein Glas Bier!

Bandnudeln mit Avokadocreme

(Bild Seite 49)

Gehört zu den Lieblingsspeisen unseres Hundes Bärli
Avocado weist einen hohen Fettgehalt auf

Zutaten:
ca. 500g Sojabandnudeln
1 Avocado
1/8 l Gemüsebrühe
1 Knoblauchzehe
3 schwarze gehackte Oliven

Gewürze:
Zitronenthymian
Salz, Pfeffer
ein paar Spritzer Zitronesaft

BEca.33

Zubereitung:
Bandnudeln in Salzwasser und 1 EL Olivenöl bissfest kochen und abseihen.
Avocado schälen und in heißer Gemüsebrühe pürieren.
Mit Zitronensaft, Knoblauch, Thymian, Salz und Pfeffer würzen und die gehackten Oliven beigeben.
Die Avocadocreme unter die Nudeln mischen.
Rassiger Radicciosalat passt und schmeckt gut zu grün!

Bandnudeln mit Avocadoreme S.48

Bananenpizza S.51

Cole Slaw Salat S.23

Bananen Pizza

(Bild Seite 50)

Bananen sind basisch und sehr bekömmlich

Germteig für 2 dünne Teige

Pizzateig:
400g Weizenmehl griffig
200ml Wasser
4El Olivenöl (zimmerwarm)
1 1/2Tl Salz
1Tl Zucker
40g Germ(Hefe) oder 1Tl Trockenhefe

BE:ca.34

Zutaten:
3 Bananen
2 El Zwetschkenpulver (Pflaume)
1gestr. El Zimt
3 El (50g) Erdnussbutter
2 El Walnussöl
1 Msp. Paprikapulver
1 Tl Schinusfrüchte (roter Pfeffer)
100g geriebenen Käse - *für Veganer ohne Käse*

Zubereitung - Teig:
Mehl mit Salz mischen, auf eine Arbeitsplatte schütten und in die Mitte eine Mulde drücken.

Germ in lauwarmen Wasser auflösen und in die Mulde gießen und mit etwas Mehl bestreuen.

Solange gehen lassen bis an der Oberfläche Risse entstehen.

Anschließend von innen nach außen das Mehl mit dem Germ und Öl vermischen und zu einen glatten Teig verkneten.

Mit einem Tuch zugedeckt 1/2 Stunde stehen lassen.

Teig auf eine bemehlte Arbeitsfläche ausrollen, den Teig auf beide Fäuste legen und noch etwas ausziehen.

Auf ein mit Öl bestrichenes Backblech legen.

Belag:
Erdnussbutter mit Öl, Zimt und Zwetschkenpulver verrühren und auf die Pizza streichen.

Mit Bananenscheiben belegen und mit Käse bestreuen.

Im vorgeheizten Rohr bei 200°C ca. 20 Minuten backen.

Am besten schmecken Pizzen im eigenen Holzofen gebacken, aber auch auf einem im Backrohr erhitzten Stein erziehlt man einen gleichwertigen Genuss.

Bärlauch-Kartoffellaibchen

Bären fressen nach dem Winterschlaf große Mengen Bärlauch um Parasiten, Würmer aus ihren Eingeweiden zu vertreiben. Daher stammt der Name Bärlauch.

Zutaten:
1/2 kg mehlige Kartoffeln
150g Bärlauch
100g Vollkornmehl
2 El Sojamehl fett oder 1 Ei
30g Sesamsamen mit
20g Semmelbrösel mischen
2 El Öl zum Braten

Gewürze:
1 Msp. Muskatnuss gerieben
1 Msp. Kümmel gerieben
Salz und Pfeffer

BE:ca.13,7

Zubereitung:
Kartoffeln kochen, zerdrücken und mit Muskatnuss, Kümmel, Pfeffer und Salz würzen.
Bärlauch mit dem Wiegemesser wiegen und mit Kartoffelteig mischen.
Mehl und Ei oder Sojamehl untermengen, Laibchen formen, in Sesam-Semmelbröselgemisch wenden und beidseitig in Öl braten.
Mit geriebenen Karottensalat oder grünen Salat servieren

Brokkoliauflauf

(Bild Seite 56)

Zutaten:
1/2 kg Brokkolirose
1 Zwiebel
1/4 kg Topfen (Quark)
50g Knödelbrot
1/4l Rahm (diese Kalorien müssen nicht sein)
80g geriebener Käse - *für Veganer ohne Käse*

Gewürze:
1 El Oregano
Salz, Pfeffer

BE:ca.3,3

Zubereitung:
Das Knödelbrot in Milch einweichen (nicht ausdrücken!).
Den Brokkoli in Röschen teilen und in Salzwasser kurz bissfest kochen, herausnehmen und abtropfen lassen.
Die Zwiebel braun anrösten.
In eine Schüssel Knödelbrot, Topfen, Zwiebel, Rahm, Oregano, Salz und Pfeffer abmischen.
Gemeinsam mit dem Brokkoli in eine gefettete Auflaufform streichen.
Mit Käse bestreuen und im vorgeheizten Rohr bei 200°C ca. 30 Minuten backen.

Buchweizenkrenlaibchen

Getreideersatz, hoher Vitamin und Mineralstoffgehalt, glutenfrei, daher für Zöliakie-Diät geeignet.
Zur Erhaltung der Funktionstüchtigkeit des Gefäßsystems (Venen)

Zutaten:
100g Buchweizenmehl (Heidemehl)
120g Karotten
1/2 Stange Lauch
150g Tofu
50g Walnüsse (4El)
1 El Sojamehl fett
2-3 El Wasser
Semmelbrösel zum Wälzen

Gewürze:
ca.20g Kren, je nach Schärfe
Salz und Pfeffer

BE:ca.8

Zubereitung:
Die Karotte, Lauch, Kren, Walnüsse und Tofu in der Küchenmaschine zerkleinern. Das Sojamehl mit Wasser verrühren, mit der Gemüsetofu-masse vermischen und mit Salz und Pfeffer würzen.
Laibchen formen und auf beiden Seiten in Semmelbröseln wenden.
In einer Bratpfanne Fett erhitzen und die Laibchen darin auf beiden Seiten anbraten.
Ob Cole Slaw, Kartoffelsalat, grüne Salate oder Portugiesische Karotten, wer die Wahl hat, hat die Qual!

Brot-Sauerkraut Auflauf

(Bild Seite 55)

Sauerkraut und Sauerkrautsaft pflegt die Darmflora und hilft der Verdauung. Das Kauen von Wacholderbeeren vertreibt Sodbrennen.

Zutaten:
ca. 8 Scheiben Vollkornbrot
1/4kg Sauerkraut
100g Walnüsse oder Haselnüsse
1/2 Becher Sauerrahm oder Sojacreme
300g=6 zu 3mm dicke Scheiben Käse
oder Lopino verbröselt

Gewürze:
1 El Kümmel
1Tl Gemüsebrühwürze
1 Lorbeerblatt
3 Wacholderbeeren
2 El Kürbiskernöl
1/2 El Hefeextrakt Vitam-R
Salz und Pfeffer

BE:ca.17

Zubereitung:

Sauerkraut mit einem Lorbeerblatt und Wacholderbeeren in Wasser weichdünsten.

Die Walnüsse grob hacken.

Mit dem Kürbiskernöl die Auflaufform ausfetten, 4 Brotscheiben auflegen, mit der Hälfte der Nüsse bestreuen und mit einem Teil des Kümmels bestreuen.

Die Hälfte des Sauerkrautes darauf verteilen und mit Käsescheiben belegen.

Eine Lage Brot auf den Käse legen und wie vorher beschrieben verfahren.

Die oberste Schicht bildet der Käse auf dem Sauerkraut.

Sauerrahm mit Salz, Pfeffer, Brühwürze und gleichen Teilen Wasser verrühren und auf den Auflauf verteilen.

Im vorgeheizten Rohr bei 180°C ca. 45 Minuten backen.

(Die erste Zeit den Auflauf mit Alufolie bedecken)

Das schmeckt so richtig mit Bier oder Most

VITAM-R aus dem Reformhaus ist ein wichtiger Mineralstoff- und Vitaminlieferant

Brot-Sauerkrautauflauf S.54

Brokkoli-Kartoffelstrudel gebacken S.57

Brokkoliauflauf S.52

Brokkoli-Kartoffelstrudel gebacken

(Bild Seite 56)

Thymian wirkt krampflösend und desinfizierend.
Das in der Antike als heilig verehrte Kamutgetreide mit seinem hohen Magnesiumgehalt, hat einen nussigen Geschmack und wurde in den Pyramiden gefunden. Es soll noch keimfähig gewesen sein.

Zutaten:
1/2 kg Kartoffeln
100 Kamutmehl
1/2 Tl Salz
1 Msp. Muskat
2 Dotter oder Eiersatz

BE:ca.11,7

Fülle:
1/2 Brokkolirose
1 Zwiebel
3 Karotten
2 Chicoree
4 große Knoblauchzehen
1/8l Becher Rahm
(Saure Sahne) oder Sojacreme
1 El Parmesan oder
Steirer Käse
1 Gemüsebrühwürfel
1 El Thymian
Salz

Zubereitung:

Kartoffeln kochen, heiß passieren, mit Mehl, Dotter oder Eiersatz, Salz und Muskat vermengen. Den Teig auskühlen lassen.

Gemüse in etwas Wasser mit Brühwürfel kurz andünsten, Wasser abseihen und mit Rahm, Käse, Thymian, Knoblauch, Salz abschmecken und abkühlen lassen.

Den ausgekühlten Teig auf eine bemehlte Fläche auswellen, auf Backpapier legen und die Fülle aufstreichen.

Die linke und rechte Seiten einschlagen und anschließend von oben nach unten einrollen.

Bei ca. 180-200° C untere Schiene backen.

Verbunden mit grünem Salat und ein kühles Bier schmeckt es wunderbar!

Buchweizen-Gorgonzola-Nockerl

*Lauch und Buchweizen sind typische Herbstzutaten.
Buchweizen ist glutenfrei, reich an Eiweiß, Mineralien und Vitaminen,
zur Vorbeugung der Arteriosklerose und bei Zöliaki geeignet.*

Zutaten:

150g Buchweizen (Heidemehl)
120g Knödelbrot
3 Lauchstangen
50g Gorgonzola (Schimmelkäse)
1/8l Milch oder Sojamilch
1/8l Weißwein
1/8l Gemüsebrühe
1 Ei oder 2 El Sojamehl fett
1 El Margarine
1 El Rahm oder Sojacreme
Salz
80g geriebener Käse

BE:ca.18

für Veganer ohne Käse

Zubereitung:

Buchweizen grob schroten, in kochende Milch einrühren und auf ausgeschalteter Herdplatte zugedeckt dünsten lassen.

Knödelbrot in Milch (auch Wasser) einweichen, ausdrücken und mit dem Buchweizen mischen. Gorgonzola zerdrücken, mit Rahm oder Sojacreme, Ei oder Sojamehl verrühren, unter die Buchweizenmasse mischen und mit Salz abschmecken.

Die Lauchstangen 2x der Länge nach einschneiden, waschen, in 10 cm lange Stücke schneiden und in eine gefettete Form legen.

Mit 2 Esslöffel aus der Teigmasse Nockerl stechen (Löffel in Wasser tauchen und mit Löffel Nockerl formen) und auf den Porree setzen.

Mit Wein und Gemüsebrühe aufgießen, mit geriebenen Käse bestreuen und mit Alufolie abdecken.

Im vorgeheizten Rohr bei 200°C ca. 50 Minuten backen.

Das letzten Drittel der Garzeit die Folie abnehmen damit der Käse braun wird.

In einer Felsspalte in Frankreich gedeiht ein ganz besonderer Schimmelpilz, der dem Roquefortkäse seine besondere Würze verleiht.

Canneloni mexikanisch

Majoran hat eine stärkende Wirkung auf die Verdauungsorgane und Kapernbeeren wirken bei Magen-Darminfektionen.

Zutaten:
ca. 14 Cannelonirollen
1/2l Tomaten passiert
1 Zwiebel
150g Kürbis
100g Kapernbeeren
30g Walnüsse
50g Sojagranulat
250g Kidneybohnen aus der Dose, auch Mais
3 Messl. Johannisbrotkernmehl oder 1 El Bindemehl
1/8l Wasser
1 El Olivenöl zum anbraten
100g geriebener Käse -
für Veganer kein Käse

Gewürze:
1 Tl Salz
1 El Majoran
2 Knoblauchzehen
1/2 Tl Worchestersoße
etwas frische Chilischote

BE:ca.15,3

Zubereitung:

Die Zwiebel fein hacken und in Olivenöl anrösten.

Den Kürbis schälen, hacheln und mit den Zwiebeln anschwitzen. Walnüsse grob hacken und beimengen.

Sojagranulat untermengen, mit Wasser aufgießen und mit zerdrückten Knoblauch, Pfeffer, Salz, Worchestersoße, Chili, Majoran und Kapern würzen.

Die Bohnen dazumischen und alles noch einmal kurz durchkochen.

Mit einem breiten Kochlöffel die Bohnen und Kapern grob zerdrücken und das Johannisbrotkernmehl oder Bindemehl darüber streuen und durchrühren.

Die Fülle in die Rollen drücken, nebeneinander in eine gefettete Auflaufform legen und mit Tomatensoße begießen.

Mit geriebenen Käse bestreuen und im vorgeheizten Backrohr bei 180°C ca. 30 Minuten backen.

Tip: um die die Füllung in die Röllchen zu stopfen, einfach einen Zipf von einem Plastiksäckchen abschneiden, Füllung einstreichen und nach Gebrauch das Säckchen wegwerfen.

Canneloni steirisch

(Bild Seite 61)

Zutaten:
ca. 10 Cannelonröllchen
250g Kürbis
80g Kürbiskerne
1/4l Tomatensoße
1/2 Tl Johannisbrotkernmehl
ca. 80g geriebener Käse
veganer ohne Käse

Gewürze:
2 El Paprika
4 Knoblauchzehen
1/2 Tl Kümmel
1 Msp. geriebener Muskatnuss
1 Msp. Cayennepfeffer
Salz

BE:ca.7

Zubereitung:
Kürbis schälen, stückeln und mit den Kürbiskernen und Knoblauch im Mixer zerkleinern.
Mit Cayennepfeffer, Muskatnuss, Paprika, Kümmel und Salz würzen.
Johannisbrotkernmehl untermischen, mittels Zeigefinger in die Röllchen stopfen und in eine gefettete Auflaufform schlichten.
Tomatensoße über die Röllchen verteilen, mit Käse bestreuen und im vorgeheizten Backrohr bei 180°C ca. 30 Minuten backen.

Canneloni mit Kürbisfülle

Zutaten:
ca. 10 Cannelonröllchen
100g Kürbis
100g Tofu
100g geriebener Käse
1/8 l Weißwein
1/8 l Milch

BE:ca.7,5

Gewürze:
1 El Sojasauce
1 Msp.geriebener Kümmel
1 Msp. Muskatnuss
Liebstöckel
1 Tl Johannisbrotkernmehl oder Bindemehl
Salz und Pfeffer

Zubereitung:
Kürbis schälen, würfeln, in Salzwasser ca. 10 Min. weich dünsten und zerdrücken. Tofu zerpflücken, mit Sojasauce würzen und mit dem Kürbis mischen. Diese Masse in die Canneloni stopfen und in eine Auflaufform schlichten, Weißwein darüber gießen und im vorgeheizten Backrohr bei 180°C ca. 10 Minuten backen.
Milch in einen Topf erhitzen und Johannisbrotkernmehl darin verrühren.
Mit geriebenen Kümmel, Muskatnuss, Salz und Pfeffer, sowie Liebstöckel würzen.
Nachträglich diese Sauce auf die bereits im Rohr befindlichen Canneloni gießen, mit Käse bestreuen und fertigbacken.

Canneloni steirisch S.60

Ananassalat S.22

Schopftintling ungenießbar

Chicoreelasagne S.66

Canneloni mit Schopftintlingfülle

Im Herbst ist dieser weiße Schwamm auf Wiesen und in Gärten anzutreffen. Sobald er ungenießbar wird zeigt er seine dunkle Tinte.

Zutaten:
ca. 12 Cannelonirollen
1/4kg Schopftintling
200g Tofu
40g Mehl
2 Frühlingszwiebeln
50g Sesam
Sesamöl

Gewürze:
1Tl Hefeextrakt Vitam-R
1 Msp. Muskatnuss
Salz und Pfeffer

Soße:
1 Becher Rahm (saure Sahne)
1/8l Weißwein
100g geriebener Käse
1/4kg Kartoffel

BE:ca.14,3

Zubereitung:

Die Kartoffel in Salzwasser weich kochen und schälen.

Den Tofu krümeln. Die Frühlingszwiebeln fein schneiden und in Sesamöl anbraten.

Den Schopftintling grob schneiden, mit den Zwiebeln und Sesam anschwitzen und dem Tofu beigeben.

Das Mehl mit Muskatnuss, Salz, Pfeffer, Hefeextrakt unter die Masse mischen und in die Röllchen stopfen.

Diese Röllchen in eine gefettete Auflaufform legen.

Den Rahm mit Wein und Wasser auf 1/2l auffüllen, etwas salzen und über die Röllchen gießen.

Käse über die Röllchen streuen und auf unterster Schiene im vorgeheizten Backrohr bei ca. 200°C für 1/2 Stunde backen.

Der Schopftintling hat einen sehr edlen Geschmack

Gebackene Champignons und Karfiolröschen S.65

Avocadosuppe S.30

Champignons und Karfiolröschen gebacken

(Bild Seite 64)

Wichtig bei panierten Gemüse ist Zitronensaft zum Neutralisieren des Fettes

Zutaten:
1/2 kg feste große Champignons oder
1 Karfiol (Blumenkohl)
50g Mehl
1/4l Milch oder Sojamilch
2 El Sojamehl fett oder 1 Ei
1 El Sesamöl
100g Semmelbrösel
Salz und Pfeffer BE:ca.10,5
Öl
1 Zitrone- in Spalten schneiden und zu den gebackenen Gemüse reichen.

Zubereitung:

Sojamehl anrühren oder Ei, mit Milch, Öl, Salz und Pfeffer würzen.

Champignons waschen, ganz in Mehl wenden, in Soja oder Eitunke tauchen und in Semmelbrösel drehen.

Öl erhitzen und bei mittlerer Hitze die Champignons rundherum braun anbraten.

Karfiolröschen wie Champignons zubereiten, jedoch bei geringerer Hitze Farbe nehmen lassen, da sie eine längere Garzeit haben.

Jogurtdipsoße:

Zutaten:
1/4l Jogurt natur
1/8l Mayonnaise
ca. 1 Tl Zitronensaft
2-3 Knoblauchzehen
2 Essiggurkerl
1 grüne Pfefferoni
Kerbel, Petersilie, Dill, frischer Anis, Minze, Schnittlauch......
Salz und Pfeffer
ev. 1 Prise Zucker oder Süßstoff BE:1

Zubereitung:

Kräuter fein wiegen, Knoblauch in Salz zerdrücken, Essiggurkerl und Pfefferoni fein hacken und alles mit Jogurt und Mayonnaise mischen. Mit Zitronensaft, Salz und Pfeffer würzen.

Chicoreelasagne mit Tofu

(Bild Seite 62)

Durch den hohen Verzehr von Tofu erkranken Japanerinnen kaum an Brustkrebs. In den Pharaonengräbern fand man in Tongefäßen auch Zweigstücke und Früchte von Dillkraut.

Zutaten:
ca. 10 Lasagneblätter
4 Chicoree
1 Zwiebel
150g Tofu
100g Creme fraiche
300g Cottage Cheese
1 El Öl
100g Käse
1-2 El Johannisbrotkernmehl oder Bindemehl

Gewürze:
1 El Hefeextrakt Vitam-R
1 El Dill
Salz und Pfeffer

BE:ca.13,3

Zubereitung:

Zwiebel fein hacken und in Öl anrösten, Tofu mit den Fingern zu den Zwiebeln bröseln und durchrösten.

Mit Hefeextrakt, Salz und Pfeffer würzen und etwas Wasser aufgießen, sodass es eine cremige Masse ergibt und Creme Fraiche einrühren.

Die ganzen Chicoree in Salzwasser ca. 10 Minuten weich dünsten, herausnehmen, abkühlen und die Blätter vom Strunk trennen.

Eine Auflaufform mit Öl ausstreichen, eine Lage Chicoreeblätter auflegen, etwas Dill und Johannisbrotkernmehl oder Bindemehl darüber streuen, mit Cottagecheese bestreichen und Lasagneblätter darauflegen.

Tofumasse auf die Lasagneblätter aufstreichen und mit Lasagneblätter belegen.

Wieder Chicoreeblätter mit Dill und Johannisbrotkernmehl bestreuen, mit Cottagecheese bestreichen und Lasagneblätter auflegen.

Solange fortfahren bis alle Zutaten verbraucht sind.

Mit Käse bestreuen und im vorgeheizten Rohr bei 180°C ca. 30 Minuten backen.

Chili con Soja

Cayennepfeffer regt den Kreislauf an
Jedes Böhnchen ein Tönchen?
Rohgenossene Bohnen sind giftig!

Zutaten:
50g Schwarze Bohnen
100g Rote Kidneybohnen
100g Sojawürfel
3 Zwiebel
1/2 kg Tomaten (Dose 500g)
1/8l Rotwein
3 Knoblauch

Gewürze:
1 El Hefeextrakt Vitam-R
etwas Chilischote
1 EL Gemüsebrühwürze
1 Prise Kreuzkümmel
1 Prise Zucker
Salz

BE:ca.7,5

Zubereitung:
Falls ich schon am Vortag weiß, dass es Chili gibt, werden die Bohnen in 3-facher Menge heißem Wasser eingeweicht. Oder man verwendet schon fertig gegarte Rote Bohnen aus der Dose, geht natürlich superschnell!

Ich weiß fast nie was ich am nächsten Tag koche und so köchle ich die Bohnen in 3-facher Menge Salzwasser für ca. 1 1/2 Stunden.

In der Halbzeit die Sojawürfel beigeben.

Kostprobe von den Bohnen und Sojawürfel machen, ob sie weich sind!

Die Bohnen und Sojawürfel abseihen und in selbigen Topf geschnittene Zwiebel und Chili in etwas Öl anrösten, die Bohnen und Sojawürfel dazu geben, kurz durchrösten und mit Tomaten und Rotwein aufgießen.

Anschließend mit Knoblauch, Gemüsebrühwürze, Kreuzkümmel, Salz Chili und Hefeextrakt würzen und auf kleiner Flamme köcheln lassen. (je länger umso besser)

Gemüse-Couscous

(Bild Seite 89)

In Paris machte ich die wohlschmeckende Bekanntschaft mit Couscous Gerichten. Als superschnelle Beilage für zu Hause sowie für Büro und Wohnmobil bestens geeignet.

Zutaten:
2 Karotten
100g Kichererbsen
1/2 Aubergine
1 große Zwiebel
1 Zucchini
2 Kartoffeln
1/2l Tomatendose oder
2 frische Tomaten
(jegliches vorrätiges Gemüse)
100g Couscous
etwas Margarine oder Butter

Gewürze:
1 Zimtstange
1/4Tl Kreuzkümmel
1/4Tl Koriandersamen zerstoßen
Harissa nach Geschmack
2 Knoblauchzehen
1Tl Gemüsebrühe
Salz

BE:ca.13,7

Zubereitung:

Die Kichererbsen über Nacht in reichlich Wasser einweichen, am nächsten Tag waschen und in Salzwasser ca. 45 Minuten garkochen.

Die Zwiebel hacken und mit der Zimtstange in etwas Olivenöl anbraten.

Die Karotten, Aubergine, Zucchini und Kartoffeln in Scheiben und Würfel schneiden und beigeben.

Mit Harissa, Kreuzkümmel, Koriandersamen, Knoblauch würzen und bei niedriger Hitze garen.

Die Flüssigkeit von den Kichererbsen abgießen und mit den Tomaten zu den Gemüse geben und noch alles durchziehen lassen.

Inzwischen den Couscous in eine Schüssel geben und mit der doppelten Menge kochenden Wasser übergießen und bedeckt 10 Minuten stehen lassen.
Etwas salzen und 1 El Margarine untermischen.

In arabischen Ländern wird der Hartweizengrieß Couscous traditionell in speziellen Gartöpfen genannt Couscousiere, täglich zubereitet und gegessen.

Gemüsecurry

(Bild Seite 93)

Für das Curry eignet sich jedes Gemüse, Karfiol, Kürbis ...

schön bunt darf es sein!

Zutaten:
1 kleine Aubergine
2 Kartoffeln
2 Karotten
3 El Erbsen
1 Apfel
2 Zwiebeln.....
1/8l Tomatensoße
1/4l Milch oder Sojamilch
1/8l Gemüsebrühe
200g Mascarino, Rahm oder
Kokosmilch schmeckt besonders rund

Gewürze:
1-2 El Currygewürz
1 Tl Anis gemahlen
1 Tl Kreuzkümmel
1 Tl Salz
1/2 Tl Harissa

BE:ca.6

Zubereitung:

Die Aubergine halbieren, Schnittfläche salzen und 15 Minuten stehen lassen und abwaschen.

Die Aubergine, Kartoffel und Karotten würfeln.

Die Zwiebel fein hacken und in Olivenöl anbraten.

Apfel reiben und dem Gemüse beigeben, kurz durchrösten und mit Anis, Kreuzkümmel, Harissa und Salz würzen.

Anschließend mit Gemüsebrühe aufgießen.

In die Milch das Curry einrühren und über das Gemüse gießen. Bei kleiner Hitze köcheln lassen. Je länger desto besser!

Zum Schluss Mascarino oder Kokosmilch unterrühren und ziehen lassen.

Am Besten schmeckt zu Curry Reis!

Harissa besteht aus Kümmelsamen, getrocknete Minzblätter, Kreuzkümmel, Koriandersamen. Rote Chilies, Salz und Knoblauch
Rezept Seite 173

Currygewürz auch Garam masala, ist eine Mischung aus Kardamomsamen, Zimt, Nelken, Kümmelsamen und Muskatnuss. Nur bei größeren Verbrauch lohnt sich die eigene Herstellung.

Gemüse in Kokosmilch

Die zwei einzigen Nelken finde ich meistens in meinem Mund wieder, deshalb entferne ich sie vor dem Servieren.

Zutaten:
3 Zwiebeln
1/2 Aubergine
3 Karotten
150g Kohlsprossen
100g Champignons....
alles Gemüse was da ist
200g Kokosmilch
50g Rosinen
1/8l Wasser

Gewürze:
5g frischer Ingwer
1 Tl Zimt
1 Tl Salz
2 Nelken
12 Koriandersamen
3 Knoblauchzehen
1 Msp. Cayennepfeffer
1 Msp. Safran, der Farbe wegen

BE:ca.8,3

Zubereitung:

Aubergine halbieren, die Schnittfläche salzen und 15 Minuten stehen lassen. Anschließend abspülen.

Die Zwiebel klein schneiden und in Öl anbraten.

Karotten schälen, in Streifen schneiden und der Zwiebel beigeben.

Kohlsprossen putzen, halbieren und mit der Aubergine sowie den Rosinen unter die Zwiebeln rühren.

Die Koriandersamen im Mörser zerstoßen, Knoblauch zerdrücken und den Ingwer reiben.

Mit Koriandersamen, Knoblauch, Ingwer, Zimt, Salz und Cayennepfeffer würzen und mit Wasser aufgießen.

Die Kokosmilch und Safran unterrühren und das Ganze auf kleiner Flamme köcheln lassen.

Reis oder Nudeln eignen sich für diese cremige Soße

Tip: Kokosmilch selbstherstellen: Kokosett in warmen Wasser einweichen und ausdrücken. Ist kalorienärmer als die in Geschäften erhältliche.

Glasnudelgemüsepfanne

Glasnudeln oder Reisnudeln werden durch diese Methode auch ohne Kochen gar.
Glasnudeln bestehen aus Mungobohnen, Reisnudeln aus Reismehl

Zutaten:
ca.60g Glasnudeln= Soe-oen oder
Reisnudeln= Mihoen
3 Karotten
1/4 Karfiolrose
100g Erbsen
60g Mais
50g Erdnüsse
Bambussprossen
1 mittelgroße Zwiebel
1 Petersilienwurzel
3-4 Wirsing oder Kohlblätter
1 kleine Stange Lauch oder
Frühlingszwiebel

Gewürze:
3 Knoblauchzehen
1 Stück frischen Ingwer
2 El Sesamöl
1 El Erdnußbuttercreme
2 El Sojasauce
1 El Satesauce
Szechuanpfeffer
Salz

BE:ca.7

Zubereitung:
Die Zwiebel fein hacken und den Lauch oder Frühlingszwiebel in feine Ringe schneiden.
Karotten und Petersilienwurzel klein würfeln.
Karfiol in Röschen teilen und Wirsingblätter nudelig schneiden.

Den Ingwer und Knoblauch blättrig schneiden und mit der gehackten Zwiebel sowie Szechuanpfeffer in Sesamöl anrösten. Gemüse und Erdnüsse beigeben und auf kleiner Flamme unter ständigen Rühren anrösten (wichtig knackig).

Die Glasnudeln beigeben und mit dem Gemüse noch zugedeckt 15 Minuten schmoren lassen, abschmecken.

Am Anfang Gemüse mit längerer Garzeit anrösten!

Gluten in Champignon Senfsoße

Ich liebe französischen Senf und ganz besonders Gewürzsenf(Savora) den ich fast mit dem Teelöffel essen kann!

Zutaten:
1 große Zwiebel
5-6 Stück Gluten oder Seitan genannt
100g Champignons
2 El Gewürzsenf

Gewürze:
2 El Sojasauce
1 Msp. Cayennepfeffer
Salz

Zubereitung:
Die Zwiebel klein hacken und in etwas Öl anbraten.
Den Gluten in mundgerechte Stücke schneiden und mit den blättrig geschnittenen Champignons zu den Zwiebeln geben und bei geringer Hitze kurz anbraten. Mit etwas Wasser aufgießen und den Senf, Sojasauce und Cayennepfeffer einrühren.
Der Saft vom eingelegten Gluten eignet sich hervorragend zum Aufgießen, etwas salzen.

Dazu gibt es Kartoffelpüree

Himbeer-Balsamico Spagetti

(Bild Seite 38)

Bis 30 Jahre reift Balsamicoessig in verschiedenene Holzfässern, wo der Essig immer umgefüllt wird. Weltbekannt ist Essig aus Modena.

Zutaten:
Spagetti
1/4kg Himbeeren
2-3 El Balsamicoessig
1 rote Zwiebel
1-2 El Mascarino oder Sojacreme
1/8l Wasser
1 Tl Johannisbrotkernmehl oder Bindemehl
Olivenöl
Parmesan

Gewürze:
1/2 Tl Zucker
Salz und Pfeffer
ca. 10 Basilikumblätter

BE:ca.36

Zubereitung:
Spagetti in reichlich Salzwasser bissfest kochen und abseihen.
Zwiebel fein hacken und in Olivenöl anbraten, mit Wasser und Balsamicoessig ablöschen. Himbeeren und kleingeschnittene Basilikumblätter beifügen. Mascarino unterrühren und mit Zucker, Salz und Pfeffer würzen und mit frisch geriebenen Parmesan bestreuen.

Grünkernnockerl auf Weißkraut

(Bild Seite 43)

Zutaten:
1/2kg Weißkraut
1/4 Weißwein
200g Grünkern
50g Vollkorngrieß
50g Vollkornmehl
2 El Sojamehl fett oder 1 Ei
100g geriebenen Käse

BE:ca.19

Gewürze:
1 El Pesto
2 El Olivenöl
1 El Parmesan
1 Gemüsebrühwürfel
1Tl Kümmel
1 1/2 Tl Salz
3 Knoblauchzehen
etwas Essig
1 Prise Zucker

Zubereitung:
Das Kraut fein nudelig schneiden und in Weißwein mit Kümmel, Zucker oder Süßstoff, 1/2 Tl Salz, Brühwürfel, ein paar Spritzer Essig und Knoblauch ca. 10 Minuten andünsten.

Den Grünkern mahlen und mit Olivenöl, Pesto, Parmesan, Vollkorngrieß und Mehl, Ei oder Eiersatz und 1 Tl Salz zu einer dicken Masse verarbeiten.

Das Kraut in einem Reindl verteilen.

Die Grünkernmasse entweder mit zwei Löffel Nockerl stechen oder Würstel formen und diese auf das Kraut schlichten und mit Käse bestreuen. Im vorgeheizten Rohr bei 180°C ca. 30 Minuten backen.

Gemüse - Gröstel

Sonnenblumenkerne sind voll Eisen

Zutaten:
Knödelreste
Gemüsereste
2 Eier
2 Zwiebel
Sonnenblumenkerne
Margarine oder Butter

Gewürze:
1 Msp. Muskatnuss
2 Knoblauchzehen

Zubereitung:
Die Zwiebel in Ringe schneiden und in Margarine oder Butter anbraten.
Die Knödel in Scheiben schneiden und mit den Sonnenblumenkernen anrösten bis sie leicht knusprig sind.
Das Gemüse beigeben und mit Salz, Pfeffer und Muskatnuss würzen.
Die Eier verquirlen und über das Gröstel gießen und durchmischen.

Braun-Hirselaibchen mit Maismehl

Hirse und Mais weisen einen hohen Zinkanteil auf und für Zöliakiebetroffene geeignet. Durch den hohen Kieselerdeanteil von Hirse, der für den Aufbau von Haut, Haaren und Fingernägel verantwortlich ist, wird er als das Schönheitsgetreide bezeichnet.

Zutaten:
100g Braunhirse
50g Maismehl
1 Zucchini
3 Tl Eiersatz
2 El Sesamsamen
2 El Semmelbrösel

Gewürze:
1 El Hefeextrakt Vitam-R
1 El Gemüsebrühwürze
Salz und Pfeffer

BE:ca.9,5

Zubereitung:

Hirse in Gemüsebrühe dünsten und mit geraffelter Zucchini, Maismehl, Eiersatz, Hefeextrakt, Salz und Pfeffer mischen.

Laibchen formen, in Sesambröselgemisch wälzen und auf beiden Seiten anbraten.

Hirselaibchen mit Lopino

Lopino wird aus der Süsslopine hersgestellt und eignet sich für Veganer als Käseersatz. Kardamom gehört zu den teuersten Gewürzen.

Zutaten:
250g Hirse
100g Lopino
2 Zwiebel
2 El Vollkorngrieß
2 El Sojamehl fett
1 Handvoll getrockneter Pilze

Gewürze:
1 Tl Zucker
1/2 Tl Kardamon
1/2 Tl Koriandersamen
1 Msp. Muskatnuss
Salz

BE:ca.18,6

Zubereitung:

Die Zwiebel fein hacken und in Fett anrösten, Hirse beigeben und mit etwas Wasser weich dünsten und abkühlen lassen.

Die Pilze in heißem Wasser einweichen, klein hacken und mit Grieß, Sojamehl der Hirse beigeben.

Mit Kardamon, Koriandersamen, Muskat und Salz würzen, Laibchen formen und in Semmelbrösel wenden. In heißem Fett auf beiden Seiten anbraten.

Zimtrotkraut und Safransoße sind dazu ein Gedicht

Holzknechtnocken

(Bild Seite 75)

Ein von mir verfeinertes, ärmlich-bäuerliches Gericht aus dem Salzkammergut, wo sich Nockenprofis etabliert haben.

Zutaten:
300g glattes Mehl
ca.300ml Wasser
2Tl Backpulver
50g Walnüsse

Gewürze:
1Tl Kümmel
2Tl Salz

BE:21

Zubereitung:
Das Mehl mit Backpulver, Salz und Kümmel mischen, mit heißem Wasser übergießen, durchrühren und zu einen klebrigen aber nicht glatten Teig verrühren. Zum „Binden"kurz rasten lassen.

Walnüsse grob hacken.

Mit einem Esslöffel Nocken vom Teig abstechen, Teig etwas auseinanderziehen, ca. 1 Tl Walnüsse darauf legen und mit nassen Händen Knöderl formen.

a)entweder man legt sie in kochendes Salzwasser, umrühren und die Knöderl 10-15 Minuten köcheln lassen bis sie oben schwimmen.

In eine Pfanne mit Butter oder Öl die Knödel dicht nebeneinander schlichten und bei mittlerer Hitze auf beiden Seiten je 20 Minuten anbraten bis diese schön braun sind.

Die Knödel sollen aneinander haften und im Ganzen aus der Pfanne rutschen.

b) in einer gut eingefetteten Reindl rollt man die Knöderl, schlichtet sie aneinander und brät diese bei mittlerer Hitze auf beiden Seiten an.

Das Fett soll bei beiden Varianten bis zur Hälfte der Knöderl reichen.

Als Beilage Apfel-Sauerkraut oder als Kompott Äpfel mit Zwiebeln anbraten. Auch Zwetschkenröster kann gegessen werden.

Sauerkraut mit Äpfel

Zutaten:
1/2 kg Sauerkraut
2 Äpfel
1 El Gemüsebrühwürze
1/4 l Wasser

Gewürze:
1/8 l Weißwein
3-4 Gewürznelken

BE:2

Zubereitung:
Sauerkraut mit Wasser und eventuell Wein aufgießen.
Äpfel schälen, hacheln, dem Sauerkraut beigeben und weich kochen.

Karfiollaibchen

Zutaten:
300g oder 1/2 Karfiolrose
100g Knödelbrot
100g Vollkornmehl
2 El Sojamehl fett oder 1 Ei
1/8l Milch oder Wasser
2 El Röstzwiebel
ca. 50g Sesam zum Wenden

Gewürze:
1/2 Tl Schabzigerklee
1 Tl Kümmel
1 Tl Salz
1 Msp. Muskatnuss
Petersilie
Pfeffer

BE:ca.12,5

Zubereitung:
Karfiol in Salzwasser weich dünsten und in der Maschine zerkleinern, aber kein Mus machen. Knödelbrot in Milch oder Wasser einweichen, leicht ausdrücken und dem Karfiol beigeben.
Mit Schabizgerklee, Kümmel, Salz und Pfeffer würzen.
Sojamehl mit etwas Wasser anrühren oder Ei sowie Mehl unter die Karfiolmasse mengen. Aus dieser Masse Laibchen formen, in Sesam wenden und beidseitig in heißem Pflanzenöl hellbraun herausbraten.

Karfiolpalatschinken

Zutaten - Palatschinkenteig
200g Mehl
1/2l Milch oder Sojamilch
2 Eier
1 Prise Kümmel
Salz

Gewürze:
1 El Curry
1 El Parmesan
frischer Anis wenn möglich
Muskatnuss und Salz

Fülle:
1/2 Karfiolrose (Blumenkohl)
1 Becher Cottagecheese
2 Rosen Brokkoli
125 Topfen
50 g Walnüsse grob gehackt
1 Ei oder Eiersatz
200 g Tomatensauce

BE:ca.16,3

Zubereitung:
Mehl mit Milch, Salz und Eiern oder Eiersatz verquirlen und in Öl Palatschinken backen und zur Seite stellen.
Karfiolröschen und Brokkoli kurz in Salzwasser kochen und abseihen.
Cottagecheese, Topfen, Curry, Anis, Salz, Pfeffer und Ei oder Eiersatz vermengen und mit den abgetropften Röschen mischen.
Masse auf die vorbereiteten Palatschinken streichen, einrollen und in eine vorgefettete Auflaufform legen. Mit Tomatensoße begießen und mit gehackten Nüssen bestreuen. Eventuell mit 1 El frischem Parmesan bestreuen. Eine halbe Stunde bei 200°C backen.

Karfiol mit Erdnussbutter überbacken

(Bild Seite 81)

Erdnusspaste ist reich an Mineralstoffen, Kalium und Phosphor

Zutaten:
1 kleine Karfiolrose (Blumenkohl)
1/2l Milch oder Sojamilch
2 El Erdnussbutter
50g Erdnüsse
1 Becher Rahm (saure Sahne) oder Sojacreme
1Tl Johannisbrotkernmehl oder Bindemehl
1 Tl Salz
Pfeffer

BE:ca.2,5

Zubereitung:
Die ganze Karfiolrose 10 Minuten in Salzwasser knackig dünsten.
Die Milch erwärmen und die Erdnussbutter darin schmelzen.
Den Rahm, Salz und Pfeffer in die Milch einrühren und mit Johannisbrotkernmehl oder Bindemehl etwas dicken.
Erdnüsse grob hacken und kurz anrösten.
Den Karfiol in eine Form stellen, die Soße darübergießen und mit Erdnüssen bestreuen.
Im vorgeheizten Rohr bei 200°C ca. 20 Minuten überbacken.

Kümmelkartoffel schmiegen sich an

Kümmelkartoffel

Zutaten:
1/2 kg Kartoffel
1 El Kümmel
Salz

BE:6,6

Zubereitung:
Kartoffel schälen, in Salzwasser „halbweich“ kochen, abseihen mit Öl bestreichen, mit Kümmel bestreuen und anbraten.

Karfiolstrudel mit Sesam

Sesam ist der Mineralstofflieferant

Zutaten-Fülle:
1/2 Karfiolrose (Blumenkohl)
5 große Zwiebeln
1 große Karotte
2 El Vollkornmehl
50g Sesam
1 El Kürbiskernöl
6 Knoblauchzehen
1 Tl Kümmel
Salz und Pfeffer

Strudelteig:
150g glattes Mehl
1 Ei
1 Tl Öl
1/16l lauwarmes Wasser

BE:ca.12

Zubereitung Strudelteig:

Mehl in eine Schüssel häufen, in die Mitte eine Grube machen, Ei, Öl und Wasser hineingeben und zuerst mit einem Messer die flüssigen Zutaten mischen und dann solange kneten bis der Teig glatt ist.

Eine erwärmte Schüssel über den Teig stülpen und 1/2 Stunde rasten lassen.

Auf ein bemehltes großes Tuch ausrollen, mit Öl bestreichen und so dünn wie möglich ausziehen. Den dicken Rand wegschneiden.

Zubereitung Fülle:

Den Karfiol in Röschen teilen, Karotten in Scheibchen schneiden und kurz in Salzwasser kochen und abgießen.

Zwiebeln würfelig schneiden und mit Sesam in Kürbiskernöl anrösten.

Karfiol mit Sesamzwiebel mischen, Mehl darüber stauben und mit Kümmel, Pfeffer und Salz würzen.

Die Fülle auf 2/3 des Teiges verteilen, das letzte Drittel mit Fett bestreichen und den Strudel einrollen.

Im vorgeheizten Rohr bei 200°C ca. 45 Minuten backen.

Tip: als Tuch eignet sich ein altes Leintuch oder ähnliches

Als ich in Portugal einen Strudelteig machte, wunderte es mich warum sich der Teig nicht ziehen ließ bis ich entdeckte, dass allen Mehlen bereits Backpulver untermischt war.

Karottenkroketten

Grünkern ist das „grün" geerntete Korn des Dinkels, welches durch Rösten ein würziges Aroma bekommt. Dinkel ist die Urform des Weizens

Zutaten:
400g Karotten
100g Haselnüsse
100g Dinkelmehl oder Grünkernmehl
2 El Sojamehl fett
1/2 Zitrone
Semmelbrösel zum Wälzen

Gewürze:
1 Tl Koriandersamen
1/2 Tl Zimt
1/2 Tl Anis
1 Msp. Muskatnuss
1 Msp. Cayennepfeffer
1 Tl Salz

BE:ca.6,5

Zubereitung:
Karotten fein raffeln und mit Dinkelmehl, Sojamehl und Haselnüssen vermengen.

Koriandersamen und Anis im Mörser zerstoßen, mit Zimt, Salz, Muskatnuss und Cayennepfeffer unter die Masse mischen, abschmecken und soviel Wasser beimengen, dass es eine sämige Masse ergibt.

Die Masse muss dicklich sein, damit sie beim Anbraten nicht auseinanderfällt.

In einer Pfanne Öl erhitzen und mit einem Löffel Häufchen in das heiße Fett setzen und etwas auseinander drücken.

Auf beiden Seiten anbraten.

Olivenölreis S.170 passt gut und Jogurtsoße beistellen.

Jogurtsoße

Zutaten:
1/4l Jogurt oder Sojacreme
2 El Rahm
Etwas Zitronensaft
1 Messlöfferl Johannisbrotkernmehl oder Bindemehl
1 Msp. Muskatnuss
Salz und Pfeffer

BE:1

Zubereitung:
Alle Zutaten nur leicht erhitzen und mit Johannisbrotkernmehl binden.

Kartoffelknödel mit Sojagranulatfülle

(Bild Seite 81)

Zutaten Fülle:
100g Sojagranulat
200g Zwiebeln
1 El Sojamehl fett oder 1 Ei
1 Tl Paprika edelsüss
1 Tl Majoran
1 Tl Hefeextrakt Vitam-R
1 Tl Kümmel
1 Knoblauchzehe
ca. 1/8l Wasser
Salz und Pfeffer
Öl zum Anbraten

Zutaten Teig:
1/2 kg Kartoffel
60 g Grieß
60 g Mehl (nach Bedarf)
1 El Sojamehl fett oder 1 Ei
1 Msp. Muskatnuss
Salz

Sauce:
1 El Margarine
1-2 Tl Hefeextrakt Vitam-R
etwas Wasser

BE:ca.15

Zubereitung:

Kartoffeln in Salzwasser kochen und zerdrücken. Grieß, Eiersatz, Muskat und Salz und soviel Mehl untermengen, bis der Teig nicht mehr klebt.

Den Teig zu einer Kugel formen und beiseite stellen. Anschließend den Teig rollen um Scheiben mit ca.3-4cm Durchmesser abzuschneiden. Die Zwiebel klein hacken und in Öl anbraten.

Das Sojagranulat, Kümmel, Majoran, Paprika, Hefeextrakt und Sojamehl oder Ei unter die Zwiebel mischen, mit etwas Wasser aufgießen und zu kleinen Bällchen formen.

Die Teigkugel mit der Hand auseinander drücken, ein Bällchen der Füllmasse auf den Teig setzen und rundherum zusammendrücken, nochmals in beiden Handflächen rollen und in gesalzenes siedendes Wasser legen, sofort kurz umrühren und köcheln lassen.

Die Knödel sind fertig, wenn sie auf der Wasseroberfläche schwimmen.

Für die schnelle Sauce erhitze ich die Margarine mit dem Hefeextrakt etwas Salz und ca. 1/8l Wasser dazu, kurz aufkochen lassen.

Das VITAM-R Hefeextrakt gibt der Soße den letzten Pfiff.

Dazu serviere ich Sauerkraut mit pflanzlichen Schmalz S.83

Kartoffel mit Sojagranulatfülle S.80

Karfiol mit Erdnussbutter überbacken S.77

Käselaibchen S.83

Rote Rüben Pinienkernrisotto S.115

Käselaibchen auf Sauerkraut

(Bild Seite 82)

Zutaten:
150g Knödelbrot
150g Käsereste
80g Vollkornmehl
1/8l Milch
2 El Sojamehl oder 1 Ei
ca. 20g Semmelbrösel zum Wenden
1/2 kg Sauerkraut
2 Äpfel
1/8l Weißwein
1/8l Wasser

Gewürze:
1 Msp.Muskatnuss
Salz und Pfeffer
4 Wacholderbeeren

BE:ca.17,5

Zubereitung:
Das Sauerkraut mit geschälten, gehachelten Äpfeln in Weißwein und Wasser weichdünsten.
Knödelbrot in Milch einweichen und ausdrücken.
Käse würfeln und mit Sojamehl, Vollkornmehl, Muskatnuss, Salz und Pfeffer unter das Knödelbrot mischen.
Laibchen formen, in Semmelbrösel wenden und in Öl bei mitttlerer Hitze knusprig bräunen.
Die knusprigen Laibchen auf das Sauerkraut legen und noch etwas ziehen lassen.

oder

Sauerkraut mit Schmalz

Bei dieser Zubereitungsart erhält das Kraut einen cremigen Charakter

Rohes Sauerkraut und Sauerkrautsaft haben eine hohe gesundheitsfördernde Wirkung und bringen die Verdauung in Schwung

Zutaten:
1/2 kg Sauerkraut
1 El pflanzliches Schmalz
3 Scheiben trockenes Vollkornbrot
Wasser

Gewürze:
1 El Gemüsebrühwürze
1 Lorbeerblatt
4 Wacholderbeeren

BE:ca.6

Zubereitung:
Sauerkraut in Wasser mit Wacholderbeeren und Lorbeerblatt weichdünsten. Gemüsebrühwürze, Schmalz und Vollkornbrot beifügen und dünsten (aufpassen, damit das Kraut nicht anbrennt).

Kartoffel-Kürbiskernomelett

(Bild Seite 84)

Zutaten:

300g gekochte Kartoffeln
50g Kürbiskerne
50g Kastanienmehl
50g Vollkornmehl
1 Ei oder Eiersatz
1/4l Milch oder Sojamilch
(auch Wasser mit 1/2Tl Gemüsebrühwürze schmeckt gut)
100g Käse
Salz und Pfeffer
Öl zum Anbraten

BE:ca.7

Zubereitung:

Falls keine Kartoffeln vom Vortag da sind, Kartoffeln kochen und in Scheiben schneiden.
Ei oder Eiersatz mit Milch oder Wasser, Mehl und Kastanienmehl, Salz und Pfeffer zu einem dicklichen Teig vermischen.
Die Kürbiskerne in einer Bratpfanne leicht anrösten.
Die Kartoffelscheiben auf die Kerne legen und den Teig über die Kartoffelscheiben gießen. Mit Käse bestreuen und bei geringer Hitze braten.
Wenn der Teig oben leicht zu stocken beginnt will er umgedreht werden, damit der Käse knusprig bräunt.

Kartoffel-Salbei-Nusslaibchen

Kamut ist energiereich, mit hohem Vitamin-und Mineralstoffgehalt. Das Gluten in Kamut weist eine reduzierte allergische Wirkung auf.

Zutaten:

1/2 kg mehlige Kartoffeln
60g gemahlene Walnüsse
100g Kamutmehl
1 Ei oder 2 El Sojamehl fett
30g Semmelbrösel
2 El Olivenöl oder Kürbiskernöl

Gewürze:

1 handvoll Salbeiblätter
4 Knoblauchzehen
1 Msp. Cayennepfeffer
Salz

BE:ca.15

Zubereitung:

Die Kartoffeln in Salzwasser kochen und zerstampfen.
Den Salbei grob hacken und in Olivenöl anrösten.
Mehl, Walnüsse, Salbei, Ei oder Sojamehl unter die Kartoffeln mischen.
Mit Knoblauch, Salz und Cayennepfeffer würzen und in Öl beidseitig anbraten.

SAL

Kastanien-Dattelstrudel S.87

Kohlrabi mit Karottenfülle S.101

Kastanien-Dattelstrudel

Strudelteig siehe Seite 78

Zutaten:
1/4 kg Kastanien
1/4 kg Karotten
6-8 Frühlingszwiebeln
8 (60g) Datteln
ca. 60g Kastanienmehl
2 El Pflanzenfett

Gewürze:
2 El Zucker oder Süßstoff
1 Tl Kümmel
1 Tl Salz
1 Msp.Muskatnuss
Salz und Pfeffer

BE:ca.23

Zubereitung:
Kastanien einschneiden und in Salzwasser weichkochen.
Karotten schälen, in Scheibchen schneiden und mit den Frühlingszwiebeln in einer Pfanne in Öl kurz weichdünsten, mit Zucker bestreuen.Datteln entkernen und hacken. Frühlingszwiebeln auf Strudelteigblätter auflegen, mit Kastanien und Karotten belegen. Mit Datteln, Kümmel, Muskatnuss würzen und Kastanienmehl überstreuen.
Den Strudel einschlagen und aufrollen.
Im vorgeheizten Backrohr bei 180°C ca. 30-40 Minuten backen.

Kartoffelstrudel mit Salbei

Salbei ist schweißregulierend (bei Klimakterium) und wirkt als Gurgelwasser entzündungshemmend.

Zutaten:
800g Kartoffeln
100g Vollkornweizenmehl
1 Ei oder Eiersatz
2 Handvoll Salbeiblätter
1 Bund Frühlingszwiebel
event. etwas Parmesan auf die Fülle streuen

Gewürze:
2 Knoblauch
3 El Olivenöl
1 Msp.Muskatnuss
1 Msp. Cayennepfeffer
Salz

BE:ca.15,7

Zubereitung:
Die Kartoffeln in Salzwasser kochen, abseihen und zerdrücken.
Eiersatz oder Ei sowie das Mehl mit den Kartoffeln verkneten.
Mit Salz, Muskatnuss und Cayennepfeffer kräftig würzen.
Die Salbeiblätter schneiden und in Olivenöl anbraten.
Die Frühlingszwiebeln zu Röllchen schneiden und mit Knoblauch und Salbeiblätter mischen.
Den Kartoffelteig auf ein bemehltes Backpapier ausrollen und mit der Salbeifülle bestreichen.
Im vorgeheizten Backrohr bei ca. 200°C eine Stunde backen.

Dazu empfehle ich Paprikasauerkraut mit Rahm

Kastanienlaibchen

In Korsika wird mit Kastanienmehl gekocht und es ist glutenfrei

Die Frucht enthält bis zu 35% Stärke

Zutaten:
50g Kastanienmehl
50g Kastanien grob gehackt
1/4kg Zwiebeln
100g Knödelbrot
1 El Sojamehl
2 El Kürbiskernöl auch Walnussöl
etwas Paniermehl

Gewürze:
1 Tl Hefeextrakt Vitam-R
10 Koriandersamen
10g Rosinen
1 Msp. Muskatnuss

BE:ca.11,5

Zubereitung:

Knödelbrot in Wasser einweichen und auspressen.

Kastanien grob hacken und anrösten.

Zwiebel nudelig schneiden, in wenig Wasser andünsten und in Öl anrösten. Grob gehackte Rosinen und Kastanien mit dem Knödelbrot Zwiebel und Sojamehl vermischen.

Koriandersamen im Mörser zerstoßen.

Mit Muskatnuss, Salz, Hefeextrakt und Koriandersamen würzen, Laibchen formen und beidseitig in Öl anbraten.

Zimtrotkraut...

Rotkraut mit Zimt

Zutaten:
1/2kg Rotkraut
1 Apfel
4 El Rahm (saure Sahne) oder Sojacreme
1/2l Wasser

Gewürze:
1 El Zimt
Zucker oder Süßstoff
Salz

BE:1

Zubereitung:

Das Rotkraut fein nudelig schneiden und in Salzwasser weichdünsten. Rahm mit Zimt, Salz und Zucker oder Süße verrühren und unter das Rotkraut mischen.

Gemüsecouscous S. 68

Holzknechtnocken S.75

Kastaniensteakli in Lebkuchensoße

Zutaten:
1 Zwiebel
6 Steakli aus Soja
2 El geh.Lebkuchenmehl
200 g Kastanien
1/8l Orangensaft
1/4l Wasser
1 El Bindemehl oder Johannisbrotkernmehl
Fett zum Anbraten

Gewürze:
1/16l Sojasoße
2 El Rahm oder Sojacreme
1 El Zucker
Salz und Pfeffer

BE:ca,7,5

Zubereitung:
Kastanien einschneiden, in Wasser ca.10 Minuten weichkochen und pellen. Steakli in warmer Sojasoße einweichen.
Zwiebel fein hacken und in Fett anbraten, Zucker leicht bräunen und mit Orangensaft ablöschen. Kastanien und die weichen Steakli samt der Sojasoße den Sud beigeben und ca. 15 Minuten leicht köcheln. Bindemehl oder Johannisbrotkernmehl mit Rahm, Salz und Pfeffer verrühren und in die Soße einrühren.
Da die Kastanien viel Stärke enthalten braucht die Soße nur Bandnudeln

Kastanienomelett - sauer

Zutaten:
50g Kastanienmehl
100g Vollkornmehl
1 Ei oder Eiersatz
1/4l Milch oder Wasser
100g würziger geriebener Käse
Salz, Pfeffer, Muskatnuss
Öl zum Anbraten

Fülle:
entweder Käse, Rahm mit frischen Koriander-kraut oder jegliche vorhandene grüne Kräuter oder geröstete Nüsse

BE:ca.8

Zubereitung:
Mehl, Kastanienmehl, Ei oder Eiersatz, Milch oder Wasser, Salz, Pfeffer, Muskatnuss zu einem sämigen Teig verrühren und in einer Bratpfanne bei mäßiger Hitze Omeletts in Öl herausbacken.
Heiß sofort mit etwas Käse bestreuen, zusammenschlagen und servieren.

Als Beilage je nach Jahreszeit Gemüse über der Erde wachsend wie Blattgemüse, Salate, oder im Herbst Wurzel und Knollengemüse wie Karotten, Kohl etc.

Kichererbsenlaibchen

Über Jahrhunderte waren Kichererbsen in Marokko die wichtigsten Proteinlieferanten.

Zutaten:
200g Kichererbsen
150g Aubergine
1 El Sojamehl oder 1 Ei
60g Vollkornmehl
50g Semmelbrösel zum Wenden

Gewürze:
1/2 Tl Paprika
1 Msp. Zimt
1 Msp. Muskatnuss
2 Knoblauchzehen
Salz und Pfeffer

BE:ca.16

Zubereitung:
Auberginenscheiben in Wasser weich dünsten.
Kichererbsen über Nacht in Wasser einweichen, abgießen und in Salzwasser weich kochen.
Auberginen, Kichererbsen und Knoblauch pürieren und mit Paprika, geriebener Muskatnuss, Zimt, Salz und Pfeffer würzen. Ei oder Sojamehl mit etwas Wasser anrühren und mit dem Mehl unter die Masse mischen. Mit nassen Händen Laibchen formen und in Semmelbrösel wenden.

Kichererbsenzigarren

(Bild Seite 93)

Ihren deutschen Namen hat die Kichererbse humorvollen hanseatischen Erbsenimporteuren zu verdanken, die bei erstmaliger Inspizierung der unbekannten Erbsen lachende Gesichter erkannten.

Zutaten:
8 Blatt Reispapier
100g Kichererbsen
100g Aubergine
2-3 Knoblauchzehen
ca. 16 Basilikumblätter
ca. 8 Petersilienblätter

Gewürze:
2 Knoblauchzehen
1 Msp. Muskatnuss
etwas frische Chili
1 Tl Tahin (Sesampaste)
Salz

BE:ca.5

Zubereitung:
Kichererbsen über Nacht in Wasser einweichen, abgießen und in Salzwasser weich kochen. Auberginen scheiben in Öl anbraten und mit den Kichererbsen pürieren. Mit Knoblauch, Chili, Salz und Muskat würzen. Reisblätter auf ein feuchtes Tuch legen, links und rechts ein Basilikumblatt legen, je ein Petersilienblatt in die Mitte und mit Kichererbsenmus bestreichen. Reisblatt einschlagen, aufrollen und in Öl anbraten.

Gemüsecurry S.69

Kichererbsenzigarren S.92

Kohlsprossen versteckt S.95

Kohlsprossenspieße S.95

Kohlsprossen versteckte

(Bild Seite 94)

Ein schnelles, sehr dekoratives und pikantes Gericht
Kohlsprossen haben einen hohen Eisengehalt

Zutaten:
1/2kg Kohlsprossen (Rosenkohl)
1 Packung Schmelzkäse
1 Packung fertiger Blätterteig oder selbst herstellen

Zubereitung:
Die äußeren Blätter von den Kohlsprossen schneiden und in Salzwasser kurz köcheln.
Den Blätterteig ausbreiten und in Achtel schneiden.
Eine Scheibe Käse auf die Blätterteigschnitten legen, mit ausgekühlten Kohlsprossen (ich nehme zwei Röschen) auf den Käse legen.
Jeweils die zwei gegenüberliegenden Schnittenspitzen zusammendrücken, sodass ein Säckchen entsteht.
Wenn alle Säckchen gut verschlossen sind, auf ein Backblech setzen.
Im vorgeheizten Rohr bei ca. 200°C ca. 30 Minuten backen bis sie leicht braun sind.

Delikat mit dünn aufgestrichener Marillenmarmelade!

Kohlsprossenspieße

(Bild Seite 94)

Zutaten:
200g Kohlsprossen (Rosenkohl)
100g Champignons
1 Banane
Brokkoliröschen
200g geräucherter Tofu
1/8l Orangensaft

Gewürze:
1El Gewürzsenf (Savora)
1Tl Hefeextrakt Vitam-R
1Tl Bindemehl
1 Msp. Cayennepfeffer
1 Msp. Curry
Salz

BE:ca.3

Zubereitung:
Kohlsprossen kurz in Salzwasser kochen.Nacheinander Bananenstücke, Kohlsprossen, Champignons, Brokkoli und würfelig geschnittener Tofu auf Spieße stecken und in Olivenöl bei mittlerer Hitze anbraten.

In einen kleinen Topf 1/8l Wasser erhitzen und Hefeextrakt, Senf und Orangensaft darin auflösen, Bindemehl in die Soße rühren und mit Cayennepfeffer, Curry und Salz abschmecken.

Als Beilage Wildreis mit Naturreis gemischt.

Kohlsprossenstrudel mit Trauben

Jedes Jahr war unsere Weinrebe so voller Trauben,
dass einige Beeren in den Strudel fielen.

Zutaten-Fülle:
250g Kohlsprossen (Rosenkohl)
2 Kartoffeln
50g Semmelbrösel
100g würziger Käse
150g blaue Weintrauben (ohne Kerne)

Gewürze:
1Tl Kümmel
1/2 Tl Zucker oder
ein paar Spritzer Süße
Salz und Pfeffer

Strudelteig Seite 78

BE:ca.17,3

Zubereitung:
Die Kartoffeln schälen, würfeln und die äußeren Kohlsprossenblätter entfernen.
Die Kartoffeln und die Sprossen in Salzwasser weich dünsten und abseihen.
Den Käse würfeln und mit den Semmelbröseln, Salz, Pfeffer, Kümmel und Zucker unter die Sprossen mengen.
Den Strudelteig ausziehen und diese Masse aufbringen, einschlagen und im vorgeheizten Rohr bei 180°C ca. 45 Minuten backen.
Dazu bereite ich eine

Lebkuchensoße

entweder:
Alten Lebkuchen von Weihnachten in warmen Wasser oder Milch vorquellen lassen.
Kochtopf mit etwas Wasser erhitzen und Lebkuchen einrühren.
Mit etwas Hefeextrakt Vitam-R und Salz abschmecken.
Mascarino, saurer oder süßer Rahm runden die Soße weiter ab.

oder die Soße mit 2 El **Lebkuchenmehl** zubereiten.

VITAM-R darf bei Lebkuchensoßen nicht fehlen! ☺

Kohlsprossenstrudel mit Trauben S.97
Rotkrautrouladen mit Pumpernickelfülle in Lebkuchensoße S.122

Knödelbrotkuchen mit Pilzen

Beim Brotbacken bleiben oft Reste von süß-saurem Brot übrig, die sich würfelig geschnitten und getrocknet zum Weiterverarbeiten hervorragend eignen.

Zutaten:
180g Knödelbrot
130g Vollkornmehl
1/2l Milch
3 El Sojamehl oder 2 Eier
80g gehackte Walnüsse
1/4kg Pilze der Saison

Gewürze:
1 Tl Salz
1 Msp. Muskatnuss
Petersilie
2 EL Kürbiskernöl
2 Knoblauch
1Tl Hefeextrakt Vitam-R
Pfeffer

etwas Brösel und Öl für die Kastenform sowie etwas Bier zum Aufgießen

BE:ca.22,5

Zubereitung:

Knödelbrot in Milch einweichen, Eier, Salz, Pfeffer, Muskat, gehackte Petersilie und Mehl vorsichtig miteinander mischen (kein Mus!).

Die gehackten Nüsse und Knoblauch in Kürbiskernöl anrösten und der Brotmasse beimengen.

Pilze in Scheiben schneiden, kurz andünsten und den entstandenen Saft abgießen und beiseite stellen.

Die Hälfte der Brotmasse in eine gefettete, bebröselte Kastenform geben, Pilze darauf verteilen und mit der restlichen Brotmasse bedecken. Mit etwas Bier aufgießen.

Bei ca. 200°C im vorgeheizten Rohr ca.45 Minuten backen.

Aus dem Saft der Pilze eine Soße mit 1El Hefeextrakt und Wasser bereiten und fertig ist der Zauber.

Krauttorte

Zutaten - Teig:
1/2 Päckchen Topfen
2 El Sojamehl fett oder 1 Ei
150g Vollkornmehl (frisch gemahlen)
1 Tl Backpulver
1/2 Tl Salz
2 El Sesamöl

BE:ca.10,5

Fülle:
1/2 kg Kraut (Kohl)
3 Zwiebel
2 Äpfel
1 Becher Rahm oder Sojacreme
3 Eier oder Eiersatz
250g Emmentaler
2 El Paprika
1 El Weißweinessig
1 El Margarine oder Butter
1 El Zucker oder Süßstoff
3 Knoblauchzehen

Zubereitung:
Topfen mit Ei oder Eiersatz, Öl, Salz, Mehl und Backpulver mischen und 1/2 Stunde rasten lassen.
Die Strünke aus den Kohlblättern schneiden, die Äpfel schälen und hacheln, den Kohl fein nudelig schneiden und Zwiebeln würfeln.
Zucker schmelzen bis er leicht braun wird, etwas Margarine oder Butter unterrühren und Äpfel, Kohl und Zwiebel darin andünsten, abkühlen lassen. Käse in Würfel schneiden und untermengen.
Rahm mit Ei oder Eiersatz, Paprika und Knoblauch verrühren.
Den Teig auswellen und in eine Form legen und die Ränder hochdrücken. Die Fülle einfüllen und mit Rahmguss begießen.
Im vorgeheizten Rohr bei 180°C ca. 1 Stunde backen.

Kohlroulade mit Zwetschkensoße

Eingeweichte Dörrzwetschken (Pflaumen) helfen der Verdauung und regen den Appetit an. Sonnenblumenkerne sind sehr „eisenhältig"

Zutaten:
1 kleiner Kohlkopf
1 Zwiebel
1/4 kg Champignons
50g Sonnenblumenkerne
150g Tofu geräuchert
2 alte Semmeln (100g Knödelbrot)
1/8l Weißwein oder Wasser
frische Kümmelblätter aus dem Garten oder etwas Kümmel
Salz, Pfeffer sowie etwas Kümmel für das Salzwasser

Soße:
50g Dörrzwetschken(Pflaumen)
2 El Gemüsebrühe
2 Knoblauchzehen
1/2 Becher Rahm oder Sojacreme

BE:ca.9,2

Zubereitung:

Den Strunk aus dem Kohlkopf herausschneiden.

Salzwasser mit Kümmel aufkochen und das ganze Stück Kohl darin weichkochen. Von Zeit zu Zeit den Kohl herausnehmen und Blätter ablösen.

Für die Fülle die Zwiebel hacken und mit den Sonnenblumenkernen in Öl anrösten.

Die Champignons in feine Scheiben schneiden und mit der Zwiebel mitschwitzen.

Semmeln in Würfel schneiden und in Weißwein oder Wasser einweichen, ausdrücken. Den Tofu mit einer Gabel zerdrücken.

Die Semmeln und Tofu mit der Zwiebel, Champignonmasse vermischen und mit Kümmel, 1 El Gemüsebrühe, Salz und Pfeffer würzen.

Die Fülle auf vorbereitete Kohlblätter verteilen und wie ein „Geschenkpapier" einschlagen, mit einem zweiten Kohlblatt nochmals einschlagen und in Öl anrösten, bis sie etwas braun sind.

Das Ganze mit Gemüsebrühewasser aufgießen, die Dörrzwetschken (Pflaumen) hinzufügen und ca. 20 Minuten dünsten lassen.

Die Rouladen herausnehmen und die Sauce mit einem Mixstab pürieren und mit Rahm verfeinern.

Kohlrabi mit Kastanien-Kürbisfülle

Zutaten:
2 Kohlrabi
150g Kastanien
150g Kürbis
1 Zwiebel
120g würziger Käse
1/2 Becher Rahm (saure Sahne)
oder Sojacreme

Gewürze:
2 Tl Salz
1 El Dill
1 Msp. Muskatnuss

BE:ca.3,7

Zubereitung:
Kohlrabi schälen, halbieren, mit einem Löffel aushöhlen und in Salzwasser weich kochen.

Kürbis schälen, würfeln und mit dem Kohlrabi mitkochen, abseihen.

Kastanien einschneiden, in Salzwasser garen und im Mixer zerkleinern.

Zwiebel würfelig schneiden und in etwas Öl anbraten.

Den Kürbis mit einer Gabel zu Mus zerdrücken und mit Kastanienmus, geriebenen Käse, Dill und Salz mischen.

Die Kohlrabihälften mit der Masse füllen und im vorgeheizten Rohr bei 200°C ca. 30 Minuten backen.

Eine Most- oder Weißweinsoße schmeckt fein.

Kohlrabi mit Karottenfülle

(Bild Seite 86)

Zutaten:
300g Karotten
150g Kartoffeln
5 El (75g) Couscous
1 Packung Kokosnusspulver
1/2 Tl Koriandersamen oder frisches Kraut
Salz und Pfeffer

Soße:
1/8l Weißwein
1 Tl Hefeextrakt Vitam-R
1 Tl Gemüsebrühwürze

BE:ca.10

Zubereitung:
Wie oben Kohlrabi zubereiten. Karotten und Kartoffel schälen und weichdünsten. Couscous mit heißem Wasser begießen und zugedeckt zum quellen stehen lassen. Karotten und Kartoffeln zerdrücken und mit Couscous, gestoßenen Koriandersamen, Salz und Pfeffer würzen und in den Kohlrabi füllen.

Kürbis mit Kürbiskern-Fenchel Panade

(Bild Seite 102)

Der Fenchelsamen, den ich am Vortag von der Fencheldolde abgenommen habe, stand noch in der Küche. So verirrte sich der Samen in die Panade.

Zutaten:
1/2 kg Kürbis
150g Kürbiskerne
100g geriebenen Käse
1 El Fenchelsamen

Backteig:
1/8l Bier (auch Wasser)
1 Ei oder Eiersatz
100g Mehl oder
Salz und Pfeffer

BE:ca.6,7

Zubereitung:
Den Kürbis schälen und ovale Formen zurechtschneiden, damit sie besser in die Pfanne passen.
Den Backteig mit Bier oder Wasser eher dicklich anrühren, salzen und pfeffern.
Die Kürbiskerne grob hacken, Fenchelsamen in Mörser zerstossen oder in der Maschine reiben und samt dem Käse mit den Kürbiskernen mischen.
Die Kürbisscheiben durch den Backteig ziehen und in der Kürbiskernpanade wenden.
Im heißen Öl bei mittlerer Hitze auf beiden Seiten anbraten.

Fenchel wirkt bei Magen- und Atemwegsbeschwerden und ist ein wärmendes Gewürz. Kürbiskerne stärken die Blase und Prostata!

Mais-Kürbis-Laibchen

Mais ist nach Reis die wichtigste Körnerfrucht der Welt

Zutaten:
100g Kürbis
100g Mais
2 El Grieß
80g Vollkornmehl

Gewürze:
1 Tl Paprika
Salz und Pfeffer

BE:ca.12,7

Zubereitung:
Den Kürbis raffeln und mit dem Mehl, Grieß, Mais und Gewürzen mischen. Pflanzenöl in einer Pfanne erhitzen und mit einem Löffel Häufchen in das Öl setzen, etwas auseinander drücken und auf beiden Seiten anbraten.

Grüner Salat mit einer Jogurtsoße passt dazu

Kürbis-Soja Gulasch

(Bild Seite 105)

Zutaten:
300g Kürbis
50g Sojawürfel
3 Zwiebeln
20g Kürbiskerne
Kürbiskernöl

BE:ca,

Gewürze:
1 El Hefeextrakt Vitam-R
2 El Paprika
1 Tl Salz
1 Knoblauchzehe
1 El Majoran
1/2 Tl Kümmel
1 Gemüsebrühwürfel
1 Msp. Cayennepfeffer
1 El Johannisbrotkernmehl

Zubereitung:
Die Sojawürfel im heißen Wasser 1/2 Stunde einweichen.
Die Zwiebeln klein schneiden und in Öl anrösten.
Den Kürbis schälen, würfeln und mit den Sojawürfeln zu den Zwiebeln geben und kurz durchrösten.
Die Kürbiskerne hinzufügen und mit Majoran, Salz, Hefeextrakt, Kümmel, Knoblauch, Paprika und Cayennepfeffer würzen.
Mit Wasser aufgießen, den Brühwürfel beigeben und das Ganze bei mittlerer Hitze köcheln lassen.
Mit Bindemehl oder Johannisbrotkernmehl etwas eindicken.
Je nach Geschmack kann auf dem angerichteten Teller mit einem Löffel noch etwas Kürbiskernöl verteilt werden.Dazu Bandnudeln.

Kürbispaprika-Polentalaibchen

(Bild Seite 105)

Kürbiskerne stärken Prostata und Harnblase

Zutaten:
350g Kürbis
100g Käse gerieben
80g Polenta bzw. Maismehl
50g Kürbiskerne

BE:ca.6

Gewürze:
2 El Sojamehl fett
2 El Paprika
1 El Rahm oder Sojacreme
1 Tl Salz
1 Msp. Cayennepfeffer

Zubereitung:
Kürbis schälen, in Stücke schneiden und mit einer Küchenmaschine zerkleinern oder reiben.
Käse, Sojamehl, Paprika, Polenta, Salz, Cayennepfeffer und Rahm mit dem Kürbismus mischen und Laibchen formen.
Kürbiskerne in der Küchenmaschine eher grob reiben und die Laibchen darin beidseitig wenden.
In einer Pfanne mit heißem Öl die Laibchen auf beiden Seiten anbraten.
Eventuell eine Jogurt-oder Rahmsoße rundet die Laibchen farbig ab.

Kürbis-Soja Gulasch S.104

Kürbispaprika-Polentalaibchen S.104

Kürbislasagne

Mein Mann war von diesem Gericht so angetan, dass er davon träumte !

Zutaten:
1000g Kürbis
300g Kraut
200g Mascarino
100g Käse gerieben
ca. 10 Lasagneblätter
Olivenöl

Gewürze:
2 El Paprika
1 El Kümmel
Salz
Muskatnuss
ein paar Messlöfferl
Johannisbrotkernmehl
oder Bindemehl

BE:ca.13,3

Zubereitung:

Den Kürbis schälen und in ca. 1cm Schnitten schneiden, auf eine mit Olivenöl bestrichene Alufolie legen und bei 200°C ca. 1/2 Stunde „weichbacken".

Inzwischen Krautblätter vom Kraut trennen, Strünke herausschneiden und in etwas Salzwasser kurz kochen, herausnehmen und abtropfen lassen.

Mascarino mit 200ml Wasser verrühren, mit Muskatnuss, Salz und Pfeffer würzen.

Eine Auflaufform mit Olivenöl fetten und erste Schicht Kürbis legen.

Die Kürbise gut mit Paprika bestreuen, als auch mit Kümmel, etwas Mascarino darüber verteilen sowie Johannisbrotkernmehl oder Bindemehl überstreuen.

Eine Lage Krautblätter auf die Kürbisschicht legen.

Lasagneblätter auf das Kraut legen und wieder mit einer Kürbisschicht belegen, Mascarino und so fortfahren wie bei der ersten Schicht.

Letzte Schicht sind Lasagneblätter, den Rest von Mascarino darüber verteilen, mit Käse bestreuen.

Im vorgeheizten Rohr bei 180°C ca. 30 Minuten backen.

Um die Lasagne besser schneiden zu können, vor dem Essen noch etwas auskühlen lassen und genießen.

Lauchkuchen

Wichtiges Wintergemüse durch den hohen Vitamin A-,B- und C-Gehalt.

Lauch war das Leibgericht von Kaiser Nero.

Zutaten:
1 Stange Lauch
1/2 Becher Rahm oder Sojacreme
200g Cottagecheese
180g Vollkornweizenmehl
(wenn möglich frisch gerieben)
80g Margarine
3 El kaltes Wasser

Gewürze:
Dill
Petersilie
Salz und Pfeffer
50g Parmesan (1-2 El)

BE:9

Zubereitung:

Das Mehl mit Margarine, Wasser und etwas Salz zu einem festen Teig kneten und für ca. 30 Minuten in den Kühlschrank stellen.

Den Lauch in Ringe schneiden und kurz in Salzwasser dünsten.

Dill und Petersilie fein hacken und mit dem Cottagecheese und Rahm mischen. Den Lauch untermengen und mit Salz und Pfeffer würzen.

Den Teig auf Auflaufformgröße auswellen und in die Form drücken.

Die Fülle auf den Teig aufstreichen und mit Parmesan bestreuen.

Im vorgeheizten Rohr bei 200°C für ca. 30 Minuten backen.

Lebkuchen-Sauerkrautquiche

Lorbeer wurde in der Antike als Schmuck und Auszeichnung gebraucht und galt als heilig. Lorbeer wirkt nervenberuhigend.

Zutaten:
100g Lebkuchenmehl
100g Vollkornmehl
2 El Sojamehl
1 Prise Salz
80g Margarine
2-3 El Wasser

Fülle:
50g Haferflocken
1/2kg Sauerkraut
1/2 Becher Rahm (saure Sahne) oder Sojacreme
2 Äpfel
2 Lorbeerblätter
3-4 Wacholderbeeren

BE:ca.17

Zubereitung:
Sauerkraut mit Lorbeerblättern und Wacholderbeeren in Wasser weich dünsten.
Lebkuchenmehl und Vollkornmehl, das in etwas Wasser angerührte Sojamehl, Salz, Margarine mit Wasser zu einem Teig verkneten und für ca. 30 Minuten kalt stellen.
Den Teig in Backformgröße auswellen, in Backform legen, an den Rändern hochdrücken und mit Haferflocken bestreuen.
Sauerkraut abtropfen lassen, mit Rahm vermischen und auf den Teigboden verteilen. Äpfel schälen, in Spalten schneiden und auf das Sauer kraut legen. Im vorgeheizten Rohr bei 180°C ca. 30 Minuten backen.

Linsentrallala

Zutaten:
10 Stück Sojasteakli (große Sojastücke)
200g Linsen (rote oder andere)
2 große Zwiebeln
1/2 kleiner Wirsing
1 Karotte
10 Kapernbeeren
3 Knoblauchzehen

Gewürze:
1/2 El Kümmel
1-2 El pflanzliches Schmalz
1 Tl Hefeextrakt Vitam-R
1 El Gemüsebrühe
Salz und Pfeffer

Zubereitung:
Die Sojastücke im heißen Wasser einweichen.
Die Zwiebeln klein würfeln und im pflanzlichen Schmalz anbraten.
Den Wirsing nudelig schneiden, die Karotten würfeln und mit Kapern-Knoblauch und die eingeweichten Sojastücken zu den angerösteten Zwiebeln geben und mit ca. 1l Wasser aufgießen.
Die Linsen mit den Gewürzen, Kümmel, Hefeextrakt, Gemüsebrühe, Salz und Pfeffer beifügen und bei kleiner Hitze köcheln lassen.
Ich bevorzuge rote Linsen, da die sofort verwendet werden können. Als Gemüse eignet sich fast alles.

Mungobohneneintopf

Mungobohnen eignen sich auch hervorragend zum Keimen von Sprossen

Zutaten:

200g Mungobohnen
200g Räuchertofu
300g Zwiebeln (ca. 4 Stück)
100g Kastanien
4 Karotten
1 El Hefeextrakt Vitam-R
1-2 El Hefeaufstrich
(Hamelner Töpfchen)
1 Tl Zucker oder Süße
1 Tl Worchestersoße
1/2 Tl Salz
Pfeffer
1 El Öl zum Anbraten

Gewürze:

1/8 l Most oder Weißwein
1/8 l Milch oder Sojacreme
1 El Johannisbrotkernmehl oder Bindemehl
1 El Gemüsebrühwürze
1 El Öl
1 Tl Dillspitzen
1 Msp. Muskatnuss
Salz und Pfeffer

BE:ca.13

Zubereitung:

Mungobohnen mit Wasser bedeckt einmal aufkochen und zugedeckt über Nacht stehen lassen.

Am nächsten Tag noch einmal für ca. 30 Minuten weich kochen und die Flüssigkeit abgießen.

Kastanien an der runden Seite einschneiden, weich kochen und schälen.

Karotten schälen und in Scheiben schneiden.

Zwiebel fein würfelig schneiden und in einem Topf in Öl anbraten.

Zucker darüber streuen, Kastanien und Karotten beimengen und bei niedriger Hitze dünsten lassen.

Tofu in Stücke schneiden und mit den Mungobohnen zu den Zwiebeln geben und mit Weißwein oder Most aufgießen.

Mit Hefepaste, Hefeaufstrich, Worchestersoße, Dill, Muskatnuss, Salz Gemüsebrühwürze und Pfeffer würzen, mit Bindemehl etwas eindicken und nochmals abschmecken.

Dieser Eintopf ist sehr nahrhaft

Olivenpalatschinken

(Bild Seite 111)

Zutaten:
3-4 El Olivenpaste
200g Roggenmehl
1/4 l Milch oder Reismilch
2 Eier oder Eiersatz
Olivenöl zum Braten

Gewürze:
Salz und Pfeffer
Schafskäse

BE:ca.11

Zubereitung:
Die Eier oder Eiersatz mit der Milch oder Reismilch verquirlen und mit Olivenpaste, Salz und Pfeffer würzen.

Olivenöl in einer Bratpfanne erhitzen. Einen Teil des Teiges in die Pfanne streichen und auf beiden Seiten anbraten.

Diese Palatschinken etwas dicker als normale Palatschinken machen.

Tomatensalat, Rucolasalat, Endivien auch Kartoffelsalat, wirkt toll zu den schwarzen Palatschinken

Sellerieschieben paniert

(Bild Seite 111)

Mein Mann entfremdet die Selleriescheiben mit Ketchup, ihm schmeckts!

Zutaten:
1 Sellerieknolle
1 Ei oder Eiersatz
80g Mehl
1/8l Milch oder Sojamilch
60g Semmelbrösel
1 Zitrone in Spalten geschnitten

Gewürze:
3-4 El Gewürzsenf
Salz und Pfeffer

BE:ca.9,8

Zubereitung:
Die Sellerieknolle schälen und in 5-8mm dicke Scheiben schneiden.
Dicke Scheiben in Salzwasser ca. 10 Minuten vorkochen.
Ei oder Eiersatz mit Milch oder Sojamilch, Salz und Pfeffer anrühren.
Mit Senf deckend beidseitig bestreichen, in Mehl wenden, in Ei oder Eiersatz beidseitig tauchen, nochmals in Mehl wenden und in Ei oder Eiersatz drehen und in Semmelbröseln wenden.
Bei mittlerer Hitze in Pflanzenöl langsam beidseitig anbraten.
Zum Neutralisieren des Fettes, auf die Selleriescheiben eine Zitronenspalte legen.
Gedünsteter Wildreis mit grünem Salat sieht nicht nur schön aus, sondern schmeckt auch noch vorzüglich!

Olivenpalatschinken S.110

Sellerieschieben paniert S.110

Rote Rüben Schnitzel S.113

Rote Rübenpalatschinken mit Kren-Nussfülle S.114

Rote Rüben Schnitzel

(Bild Seite 112)

Der blutrote Saft der Roten Rüben ist eisenhaltig, wirkt blutbildend, blutverbessernd und auch fiebersenkend.

Zutaten:
1kg Rote Rüben (Rote Bete)
150g Kokosraspel
ca. 30g Kren
50g Mandeln gerieben
1 Ei oder Eiersatz
1/8l Milch oder Sojamilch
50g Mehl
Salz und Pfeffer

Gorgonzolasoße:
50g Gorgonzola
1/8l Obers (süße Sahne)
1/8l Wasser

BE: ca.5,5

Zubereitung:
Rüben schälen, in 1cm dicke Scheiben schneiden und in Salzwasser ca. 15 Minuten weich kochen.
Ei oder Eiersatz, Milch oder Sojamilch, Salz und Pfeffer mixen.
Geriebene Mandeln, Kokosraspel und frisch geriebenen Kren mischen, Mehl auf einen Teller streuen.
Rübenschnitten salzen und pfeffern, in Mehl wenden, in Ei oder Eiersatzmasse tauchen, wieder in Mehl wenden, in Ei oder Eiersatz tauchen und in Kokosraspel beidseitig wenden.
Bei mäßiger Hitze beidseitig anbraten.

Für die **Soße** Wasser erhitzen, Gorgonzola einrühren und mit Obers abschmecken.

Rote-Rübensaft Nudeln mit Gorgonzola-Kren Soße

Zutaten: Nudelteig-Grundrezept S. 117, anstatt Wasser Rote-Rübensaft
100g Gorgonzola
1 Stück Kren (Meerrettich) 2x2cm
30g Erdnüsse grob gehackt angeröstet

Zubereitung:
Nudeln in ausreichend Salzwasser kochen und abseihen.
Gorgonzola in ca.1/8l Wasser schmelzen, frischen Kren in die Sauce reiben und die abgetropften Nudeln unter die Soße mischen.
Erdnüsse darüber streuen

Rote Rübenmohn Palatschinken mit Kren-Nussfülle

(Bild Seite 112)

Wissenschaftliche Untersuchungen ergaben, dass der im roten Farbstoff vorhandene Eisengehalt eine Erneuerung und Aktivierung der roten Blutkörperchen auslöst.

Zutaten - Teig:
200g Dinkelmehl
300ml Milch
1/8l Rote Rüben Saft (Rote Bete)
50g Mohn
1 Ei
1 Tl Kümmel
1/2 Tl Salz
1 El Öl

Guss:
1/2 Becher Rahm
Salz, Muskatnuss

Fülle:
25g Kren gerieben
50g Walnüsse gerieben
1/2 Becher Rahm
(saure Sahne)
1/8l Milch
100g Topfen (Quark)
50g Knödelbrot
50g Rosinen
Salz
100g Käse gerieben

BE:ca.18

Zubereitung:

Das Ei mit Milch, Rote Rübensaft, Mehl, Öl, Kümmel und Salz glatt verrühren und im heißen Öl Palatschinken backen.

Das Knödelbrot in Milch einweichen und mit Topfen, Kren, Rosinen Walnüssen, Salz und Rahm mischen.

Die Fülle auf die Palatschinken streichen und in eine gefettete Auflaufform nebeneinander schlichten.

Den Rest des Sauerrahmes mit Wasser auffüllen, mit Salz, Muskatnuss verrühren und über die Palatschinken gießen.

Den geriebenen Käse darüber streuen und im vorgeheizten Rohr bei 200°C ca. 1/2 Stunde backen.

Rote Rüben-Pinienkerne Risotto

(Bild Seite 82)

Rote Rübensaft und Pinienkerne sind sehr eisenhältig, außerdem schmiegt sich dieses Risotto wunderbar im Magen an.

Zutaten:
300g Risottoreis
100g Pinienkerne
1/4l Rote Rübensaft
ca. 3/4l Wasser
2 El Mandelöl

Gewürze:
1-2 El Kren (Meerrettich)gerieben
1 El Gemüsebrühwürze
Salz

BE:ca.23,4

Zubereitung:
Pinienkerne in Mandelöl anrösten, Risottoreis zugeben und durchbraten.
Mit etwas Roten Rübensaft aufgießen und stetig umrühren.
Solange Flüssigkeit zugießen, bis der Reis eine sämige Masse ergibt.
Mit Kren, Gemüsebrühwürze und Salz würzen.

Olivenpasten-Risotto

In Italien werden spezielle Reisarten mit viel Stärke verwendet. Rundkornreis ungewaschen eignet sich genauso für ein Risotto.

Zutaten:
4 El Olivenpaste
300g Risottoreis
1 Zucchini
4 Tomaten
4 Frühlingszwiebeln
1/4l Rotwein (oder mehr)
ca.3/4l Wasser
2 El Olivenöl
Parmesan

Gewürze:
3 Knoblauchzehen
1 El Gemüsebrühwürze
Salz

BE:20

Zubereitung:
Frühlingszwiebeln grob schneiden, in Olivenöl anrösten, Risottoreis beigeben und glasig anbraten.
Tomaten, Knoblauchzehen und Zucchini grob schneiden und dem Risottoreis beigeben, durchmischen und mit etwas Rotwein aufgießen.
Mit Olivenpaste, Gemüsebrühe und Salz abschmecken.
Damit der Reis diese sämige Konsistenz bekommt, ständig umrühren und nach und nach Flüssigkeit zugießen.
Parmesan grob reiben und über das fertige Risotto streuen.

Gebackene Topfenteigtascherl

Lauch fördert die Schleimausscheidung in den Atmungsorganen und wirkt leicht harntreibend.

Zutaten: (für 2 Teige)
250 glattes Mehl
250 Topfen(Quark)
200 kalte Margarine in Stücke
1 Tl Salz
1-2 El kaltes Wasser

BE:ca.18

Fülle:
1 Stange Lauch
50 g gehobelte Mandeln
30g Rosinen
2 El Rahm (saure Sahne)
Salz und Pfeffer
1/16l Weißwein
1/16l Weintraubenessig oder normaler weißer Essig

Zubereitung:

Mehl, Margarine, Salz und Topfen vermengen und rasch zu einem Teig kneten.

Den Teig in eine Folie wickeln und ca. 1 Stunde im Gefrierfach kühlen.

Für die Fülle den Lauch kreuzweise einschneiden, waschen, fein schneiden, salzen und mit etwas Wein oder Wasser weich dünsten.

Die Mandeln ohne Fett in einer Pfanne anrösten.

Rosinen in Essig erhitzen, bis diese weich sind und den Essig abgießen.

Anschließend mengt man den Rahm, Mandeln sowie Rosinen unter den Lauch. Dabei sollen die Mandeln brechen.

Den Teig auf bemehltes Brett dünn auswellen und entweder mit einer Tasse, besser mit einer Nudelteigtaschenform ausstechen (man kann auch den Teig in kleine Quadrate aufteilen und diese zu einem Dreieck falten) und ca. 1 Tl Lauchmasse auf die Teigform legen.

Den Teigrand mit Wasser einstreichen und die gefüllte Teigform zusammendrücken.

Die fertigen gefüllten Taschen auf ein Backpapier legen und im vorgeheizten Rohr bei ca.200°C für 20 Minuten backen.

Die zweite Teighälfte eventuell einfrieren.

Dazu Paprikakürbis mit Rahm, Super Teig auch süß zubereitet ein Genuss.

Olivenpastennudeln

Zutaten:
200g glattes Mehl
1 Ei
2 El Olivenpaste
Mehl zum Ausrollen

BE:13,3

Soße:entweder
Tomaten mit frischen
Balsamicoblättern und
1 El Thymianpesto
(selbstgemacht)
oder mit Olivenpaste mischen

Zubereitung:

Wie unten beschrieben, anstatt Wasser Olivenpaste untermischen.

Den Teig auf bemehlter Arbeitsfläche dünn auswellen und in Streifen schneiden.

In kochenden Salzwasser 3-5 Minuten garen, abseihen.

Dazu passt jeglicher würziger Salat wie Radicchio....

Grundrezept-Nudelteig:

Zutaten:
200g glattes Mehl
1 Ei
3-4 El Wasser
1/2 Tl Salz

BE:13,3

Zubereitung:

Mehl in eine Schüssel schütten und in die Mitte ein Grübchen machen.

Das Ei, Wasser und Salz hineingeben.

Zum Binden etwa 1/2 Stunde im Kühlschank kühl stellen.

Erst mit einem Messer verrühren und anschließend mit der Hand zu einen glatten Teig verarbeiten.

Je nach Bedarf wie Nudeltaschen, Lasagne etc.die Nudelblätter schneiden.

In kochenden Salzwasser 3-5 Minuten garen, abseihen.

Polenta mit Olivenpaste

(Bild Seite 129)

Polenta ist ein hervorragendes schnell zubereitetes Nahrungsmittel

Zutaten:
300g Polenta
3 El Olivenpaste
200g Schafskäse
ca. 1l Wasser

Gewürze:
2 El Oregano
3 Knoblauchzehen
Salz

BE:20

Zubereitung:
Den Polenta in kochendes Salzwasser schütten und solange mit einem Kochlöffel rühren (ca. 15 Minuten), bis sich der Polenta so mit Wasser vollgesogen hat, dass er zu einer schweren pastigen Masse aufgegangen ist, die kaum mehr zu rühren ist.
Olivenpaste in die Masse rühren und mit dem gepressten Knoblauch würzen.
Eine Auflaufform mit Silberfolie auskleiden und die Hälfte der Paste darauf verstreichen.
Den Schafskäse über die Polenta krümeln, mit Oregano bestreuen und den Rest der Polenta auf den Schafskäse aufstreichen.
Im vorgeheiztem Rohr bei 200°C ca. 20 Minuten backen.
Anschließend wie eine Torte anschneiden.
Französischer Tomatensalat rundet nicht nur optisch die Polentaschnitte ab.

Orangen-Fenchelpfanne

Zutaten:
2 Fenchelknollen
1/2l Orangensaft
1 Orange oder 2 Mandarinen
50g Gorgonzola
1/2kg Kartoffeln

Gewürze:
1 El Rahm (saure Sahne)
1 Tl Grüner Pfeffer
1 Prise Kümmel
Salz

BE:ca.7,7

Zubereitung:
Die Kartoffeln in Salzwasser kochen und schälen.
Orangensaft erhitzen.
Die Fenchelknollen breitnudelig schneiden und im Orangensaft weichdünsten.
Anschließend den Fenchel aus der Soße nehmen.
In die Soße den Gorgonzola einbröseln und mit Rahm verrühren.
Den grünen Pfeffer, Salz und Orangenfilets in der Soße andünsten und den Fenchel wieder beigeben.
Die Kartoffeln untermengen und zugedeckt bei kleiner Hitze ziehen lassen.

Pilzlaibchen

Zutaten:
1/2 kg Pilze der Saison
1 Zwiebel
100g Vollkornmehl
100g Knödelbrot
2 El Sojamehl fett
1/8l Milch oder Sojamilch
50g Semmelbrösel

Gewürze:
1 Tl Hefeextrakt Vitam-R
1 Msp. Schabizgerklee
1 Msp. Muskatnuss
Petersilie
Salz

BE:ca.16,2

Zubereitung:
Knödelbrot in Milch oder Sojamilch einweichen und ausdrücken. Zwiebel fein schneiden und in Öl anbraten, kleingeschnittene Pilze beigeben und weich schmoren. Flüssigkeit von den Pilzen ausdrücken und mit der Knödelbrotmasse, Mehl und angerührtem Sojamehl mischen. Mit Hefeextrakt, Muskatnuss, Salz und Schabizgerklee würzen. Laibchen formen, in Semmelbrösel wälzen und in heißem Öl langsam anbraten.

Spinatpalatschinken aus Roggenmehl

Zutaten:
125g Spinat tiefgefroren oder frisch
2 Eier
200g Vollkornroggenmehl
1/4l Milch oder Rahm

Gewürze:
1 Knoblauchzehe
Muskatnuss
Salz

Fülle:
frisch geriebener Parmesan, Pecorino etc.

BE:11

Zubereitung:
Eier mit Milch verquirlen und das, wenn möglich frisch geriebene, Mehl und den Spinat untermengen, mit Salz und Muskatnuss würzen. Olivenöl in einer Pfanne nicht zu heiß erhitzen und einen Teil des Teiges in der Pfanne eher dünn verstreichen und auf der einen Seite anbraten, wenden und auch die andere Seite anbraten.
(Dieser Teig fließt nicht wie ein normaler Palatschinkenteig)
Den Parmesan aufstreuen, einrollen oder auf ein Viertel einschlagen.
Tomatensalat oder auch Rucolasalat mit Kürbiskernöl.

Reisbraten

Erst war Sellerie in der griechischen Mythologie Sinnbild des Schönen und der Freude und später für Tränen und Trauer. Bei den Griechen der Gegenwart wird bei festlichen Feiern die Knolle zum Zeichen der Freude und des Glückes im Zimmer aufgehängt.

Zutaten:
130g Reis
1/4 Sellerieknolle
150g Haselnüsse gerieben
100g Semmelbrösel
2 El Sojamehl fett oder 2 Eier
1/2 Bund Frühlingszwiebeln
1/2 Becher Rahm oder Sojacreme

Gewürze:
1 El Basilikum
1 El Majoran
2 Tl Salz
Pfeffer

BE:ca.16

Zubereitung:
Reis und Sellerie getrennt in Salzwasser weich dünsten und Sellerie mit einer Gabel zerdrücken.
Reis mit Semmelbrösel, Haselnüssen und Sellerie vermischen.
Frühlingszwiebel ringelig schneiden und mit Rahm oder Sojacreme, Eier oder mit etwas Wasser angerührtes Sojamehl unter die Reismasse mengen. Mit Basilikum, Majoran, Salz und Pfeffer würzen, zu eine Art Striezel formen und in eine gefettete Form legen und im vorgeheizten Backrohr bei 180°C ca. 1 Stunde backen.

Jeder Krautsalat, Rotkrautsalat

Salbeiblätter in Bierbackteig

Zutaten- Teig:
100g Mehl
1/8l Bier
1 Ei oder Eiersatz
1 El Öl
Salz und Pfeffer
1/8l Pflanzenöl

2 handvoll frische große Salbeiblätter

BE:ca.6,7

Zubereitung:
Das Mehl mit Bier, Salz, Pfeffer, Öl und Ei oder Eiersatz zu einem glatten Teig verrühren.
Pflanzenöl erhitzen und je ein Salbeiblatt durch den Bierteig ziehen und in Öl kurz anbraten.
Mit Zitronenspalten servieren

Pilze und Champignons pikant

Zutaten:
1/2 kg Pilze gemischt oder Champignons
50g gestiftelte Mandeln
1 Zwiebel
30 g Rosinen

Gewürze:
2 Knoblauch
1 El Sojasauce
3 El Balsamicoessig
2 El Rahm oder Sojacreme
Salz, Pfeffer, Prise Zimt

BE:ca.2,5

Zubereitung:
Rosinen in heißen Essig einweichen und abgießen.
Zwiebel und Knoblauch fein hacken, in etwas Öl anbraten.
Ebenso die Mandeln anbraten (vorsichtig bräunen!)
Pilze grob teilen bzw. halbieren, den Zwiebeln beigeben und bei zurückgeschalteter Temperatur anrösten.
Nun aufgequollene Rosinen, Sojasauce, Essig, Salz, Zimt und Pfeffer untermischen und bei niedriger Temperatur ca. 15 Min. ziehen lassen.
Zum Schluss den Rahm untermengen.

Nudeln oder Reis beigeben.

Risotto mit Eierschwammerl und Pistazien

Zutaten:
1/4kg Eierschwammerl
120g Risottoreis
1/4l Weißwein
Wasser

BE:8

Gewürze:
1 El Pistazienkerne
1 El Gemüsebrühwürze
2 El Sesamöl
2 El Parmesan
Petersilie oder Pimpinelle
Salz und Pfeffer

Zubereitung:
In einem Topf das Sesamöl erhitzen und den Reis unter ständigem Rühren bei mäßiger Hitze glasig anrösten, mit etwas Weißwein aufgießen, mit Brühwürze würzen und ständig rühren bis der Reis die Flüssigkeit aufsaugt.
Solange aufgießen bis der Reis durch ist.
Die Eierschwammerl putzen und wenn nötig einmal durchschneiden und unter den Reis mischen. Pistazienkerne grob hacken, Petersilie oder Pimpinelle fein wiegen und mit den Pistazien unter den Reis mengen. Parmesan unterrühren und mit Salz und Pfeffer würzen.

Risotto mit verschiedenen Gemüsen zubereitet schmeckt ebenso hervorragend!

Rotkrautrouladen mit Pumpernickelfülle in Lebkuchensoße

(Bild Seite 97)

Pumpernickel wird aus Roggenschrot mit bis zu 20 stündiger Backzeit hergestellt. Kastanien sind basisch und sehr stärkehaltig

Zutaten:
100g Kastanien (Maroni)
1/2 Häupel Rotkraut
5 Schnitten Pumpernickel
1 Zwiebel
3-4 El Rahm oder Sojacreme
2 El Sojamehl
2-3 El Lebkuchenmehl
1/8l Wasser
1/8l Milch oder Sojamilch

Gewürze:
1 Tl Gemüsebrühwürze
1/2 Tl Kümmel
1/2 Tl Koriandersamen
Salz und Pfeffer

BE:ca.13

Zubereitung:

Kastanien einschneiden, weich kochen und sofort schälen.

Das ganze Rotkraut in Salzwasser ca.10 Minuten köcheln, herausnehmen, abkühlen lassen.

Die Strünke herausschneiden und je zwei Blätter aufeinanderlegen.

Pumpernickel bröseln, mit Sojamehl, Rahm mischen und mit Kümmel, zerstoßenen Koriandersamen, Salz und Pfeffer würzen.

Kastanien grob zerkleinern, unter die Füllmasse mischen und auf die vorbereiteten Kohlblätter streichen.

Diese links und rechts einschlagen und aufrollen.

Zwiebel klein schneiden, in Öl anrösten, mit Lebkuchenmehl stauben und mit Wasser löschen.

Rahm und Milch unterrühren und mit Gemüsebrühwürze, Salz und Pfeffer würzen.

Restliche Kastanien der Soße beigeben.

Rotkrautrouladen in die Soße legen und ca. 30 Minuten weich dünsten.

Sauerkrautstrudel mit Orangenbuttersoße

(Bild Seite 133)

Wacholderbeeren wirken entwässernd und Pfarrer Kneipp empfahl eine Wacholderkur, gegen rheumatische Beschwerden. Das Kauen von Wacholderbeeren vertreibt das Sodbrennen.

Zutaten:
1/2 kg Sauerkraut
1 Apfel
200g Erdnüsse oder Walnüsse
100g Gorgonzola
1 El Rahm (saure Sahne)
1/8l Kürbiskernöl
4 Wacholderbeeren
2 Lorbeerblätter
100g Kräutertopfen oder Naturtopfen

Soße:
1/4 l Orangensaft
2 El Butter oder Margarine
1/4Tl frischer Ingwer
etwas Johannisbrotkernmehl
oder Bindemehl zum Binden

Strudel-Teig: Zuberreitung S.78
150g glattes Mehl
1 Ei
1 Tl Öl
1/16l lauwarmes Wasser
Salz

BE:ca.15,2

Zubereitung:

Das Sauerkraut mit Wacholderbeeren, Lorbeerblätter und geriebenen Apfel entweder im Schnellkochtopf oder im Topf weich kochen und abtropfen lassen.

Erdnüsse schälen und mit Topfen, Rahm, zerbröselten Gorgonzola und Sauerkraut mischen.

Den Strudelteig mit Kürbisöl bestreichen.

Die Masse aufstreichen und an den Seiten einschlagen und einrollen und im vorgeheizten Rohr bei 180°C ca. 45 Minuten backen.

Für die Soße Butter erhitzen, Orangensaft und Ingwer beigeben und mit etwas Bindemehl oder Johannisbrotkernmehl binden.

Beilage portugiesische Knoblauchkarotten Rezept Seite 167

Seitan-Filets in Walnusspanade

(Bild Seite 142)

Gorgonzola mit Walnüssen von unserem Baum?

Zutaten:
1 Packung Seitan Filets
(250g ergibt 3 Stück)
50g Semmelbrösel
50g Walnüsse
70g Gorgonzola
1/2 Zitrone
1 El Rahm (saure Sahne)

Backteig mit Wein:
1/8l Weißwein
100g Mehl oder fertige
Backteigmischung ohne Ei
2 El Sojamehl oder 1 Ei
1 El Öl
Salz und Pfeffer

Zahnstocher zum Zusammenstecken

BE:ca.11,5

Zubereitung:

Weißwein mit Mehl, Ei oder Sojamehl, Öl, Salz und Pfeffer glatt rühren.

Gorgonzola mit einer Gabel zerdrücken, mit dem Saft der Zitrone und mit Rahm verrühren.

Eine Seite der Seitan Filets damit bestreichen und mit 2 Zahnstochern feststecken.

Die Walnüsse grob hacken und mit Brösel mischen.

Die Seitanstücke durch den Backteig ziehen und in den Walnussbröseln auf beiden Seiten andrücken.

In einer Pfanne Öl erhitzen und darin die Filets auf beiden Seiten bei mittlerer Hitze bräunen.

Dazu passt alles, jegliches Gemüse, Kürbis-Kartoffelpüree Rezept S. 170

Seitan ist das Eiweiß vom Weizen

Er kann auch selbst hergestellt werden, ist aber sehr aufwendig.
Wichtig!
Seitan hat auf 100g:
28,1g Eiweiß
148 kcal, 0,2BE und 2,7g Fett

Spagetti mit Gemüsebolognese

Zutaten:
500g Spagetti
Sojagranulat
1 Zucchini
2 Karotten
1/2 kg Tomaten
1 Zwiebel
1/2 Aubergine
1/8l Rotwein
Olivenöl
frisch geriebener Parmesan

Gewürze:
3 Knoblauchzehen
1 Tl Kapern
1 El Oregano
1 Tl Olivenpaste
1 El Hefeextrakt Vitam-R
1 El Gemüsebrühwürze
Salz und Pfeffer

BE:ca.33,3

Zubereitung:
Die Zwiebel fein hacken und in Olivenöl anrösten.Tomaten in heißes Wasser legen und häuten.

Zucchini und Karotten raffeln,Tomaten samt Aubergine fein hacken und mit den Zwiebeln anrösten, Sojagranulat untermengen und mit Rotwein aufgießen. Mit Hefeextrakt, Olivenpaste, Gemüsebrühwürze, gehackten Kapern, Knoblauchzehen, Salz und Pfeffer würzen.

Bei niedriger Hitze ca. 20 Minuten köcheln lassen.

In reichlich Salzwasser die Nudeln bissfest kochen und abgießen.

Den Parmesan grob reiben und über das Sugo streuen.

Spagetti mit Salbei

Salbeiblätter wirken schweißhemmend und sind desinfiszierend.

Früher wurde Salbei zur Verdauungsförderung pulverisiert in Speisen gemengt.

Zutaten:
500g Spagetti
ca.10 Salbeiblätter
6 Knoblauchzehen
Olivenöl

Gewürze:
Salz

BE:ca.33,3

Zubereitung:
Die Spagetti in ausreichend Salzwasser bissfest kochen.
Die Salbeiblätter mit dem Knoblauch fein hacken und in einer Pfanne in etwas Olivenöl anbraten.
Die fertig gekochten Spagetti beigeben und gut durchmischen.

Spargel kochen

Spargel ist laut TCM ein Jungbrunnen für die Haut

Grüner Spargel wächst oberhalb der Erde, daher leichter zu kultivieren und zu ernten und ist deshalb billiger. Er wird nicht geschält und enthält mehr Vitamine.

Weißer Spargel ist zarter, muss geschält werden und enthält mehr Bitterstoffe an den Enden, die großzügig abgeschnitten werden.

Frischer Spargel quietscht beim Aneinanderreiben.

Zum Aufbewahren wird Spargel in ein feuchtes Tuch gewickelt.

Spargel wird am besten in einem hohen Topf mit Köpfen nach oben in Salzwasser gekocht.
Die Kochdauer hängt von der Dicke der Spargel ab (5-15 Minuten).

Klassisch werden die Soßen Vinaigrette zu kaltem und Hollandaise zu warmen Spargel gegessen.

Einfach mit zerlassener Butter oder wie die Italiener Spargel mit Olivenöl und Parmesan.

In Deutschland wird Spargel mit Semmelbrösel oder mit in der Schale gekochten Kartoffeln gegessen.

<u>Soße Hollandaise:</u> (wie warme Mayonnaise)
2 Dotter
150g Margarine
1/16l Gemüsebrühe
Zitronensaft, Salz

<u>Zubereitung:</u>
Dotter mit Suppe, Salz und Zitronensaft über Dampf schaumig schlagen. Flüssige Margarine langsam in die Eimasse einschlagen, so dass ein dicke Soße entsteht.

Tip: holzige Spargelenden auskochen und mit Kräutern verfeinern ergibt eine delikate Suppe, auch als Diätsuppe für Magenkranke.

Steinpilze pikant angebraten

Am besten schmecken die Pilze, wenn man sie selbst in der Natur gefunden hat

Zutaten:
1/4 kg Steinpilze
etwas rote Chili
5 Knoblauchzehen
Öl mit Buttergeschmack oder Butter

Gewürze:
1 El Sojasoße
1 Knoblauch
1 El Rahm
Salz und Pfeffer

Zubereitung:
Öl in einer Pfanne erhitzen und die in Scheiben geschnittenen Knoblauchstücke sowie die in grobe Stücke geschnittenen Chili in Öl anbraten. Knoblauch und Chili wieder herausnehmen und die Steinpilze, je nach Größe nur halbieren, in diesem Öl bei reduzierter Hitze anbraten.
Die kross gebratenen Knoblauchstücke wieder beigeben.

Wie wäre es mit Krenreis?

Reis mit Kren (Meerrettich)

Zutaten:
150g Reis
1 El frisch geriebener Kren, bei konservierten Kren 2 El
1 El Öl

BE:10

Zubereitung:
Reis in Öl glasig anrösten und mit Wasser aufgießen, salzen und bei niedriger Hitze weich dämpfen. Den Kren untermischen.

Steinpilze mit Kastanien

Zutaten:
1/4 kg Steinpilze
9 Kastanien
1 Zwiebel
BE:3

Gewürze:
1 El Sojasoße
1 Knoblauch
1 El Rahm oder Sojacreme
Salz und Pfeffer

Zubereitung:
Zwiebel grob schneiden und in Öl anbraten.
Steinpilze grob schneiden und die vorgekochten Kastanien hacken und beides mit den Zwiebeln kurz anbraten und mit den Gewürzen schmoren lassen.

Dazu selbstgemachte Nudeln.

Steirische Pizza

(Bild Seite 129)

Die besten Pizzen werden natürlich mit Liebe im Holzofen oder auf einen Stein, der erst im Backrohr erhitzt wird, gebacken. Der Pizza-Teig ist grün

Zutaten:
400g Mehl
1 Tl Trockengerm
4 El Kürbiskernöl
200ml Wasser
1 Tl Salz
1 Tl Zucker

BE:26,7

Belag:
1 El Tomatenmark
1/2 Tl Harissa
3 El gehackte Kürbiskerne
2 Zwiebel
2 Knoblauchzehen
1 Packung Mozarella
1-2 El Steirer-Käse, auch anderer würziger Käse
Oliven
2 Karotten
Erbsen, Mais, Brokkoli
Salz

Zubereitung:

Das Mehl auf einer Arbeitsfläche schütten und in die Mitte eine Mulde drücken.

Germ(Hefe) mit Zucker, lauwarmes Wasser und Öl erst in der Mitte cremig verrühren und etwas gehen lassen.

Anschließend von innen nach außen arbeiten und mit den Knethaken am Mixer kräftig abarbeiten.

Inzwischen die Karotten schälen, in Scheibchen schneiden und mit den Erbsen in Salzwasser weich dünsten, anschließend gut abtropfen.

Den Teig auswellen, über beide Hände legen und zur gewünschten Größe auseinanderziehen.

Den Teig auf ein Blech legen und noch etwas gehen lassen.

Tomatenmark mit Harissa verrühren und dünn auf den Teig streichen.

Gemüse auf dem Teig verteilen und mit Käse bestreuen.

Im vorgeheizten Rohr bei 200°C ca. 30 Minuten backen.

Erst jetzt gepressten Knoblauch auf der Pizza verteilen.

Kürbiskerne stärken Prostata und Harnblase.

Steirische Pizza S.128

Polenta mit Olivenpaste S.118

Spinatknöderl gefüllt

Spinat enthält viel Eisen, das ein wichtiger Bestandteil zur Blutbildung ist.

Zutaten:
250g Spinat frisch oder tiefgefroren
200g Maismehl
2 Knoblauchzehen
Muskatnuss
Salz

Fülle:
100g Schafskäse
100g Bauerntopfen oder normaler Topfen (Quark)
50g Sesam ungeschält

BE:13,3

Zubereitung:
Den Spinat mit dem Maismehl, Knoblauch, Muskat und Salz zu einem pastigen Teig mischen.
Den Schafskäse mit dem Topfen mischen. Ein Esslöffel voll Teig in der Hand etwas auseinander drücken, ein Teelöffel Fülle auf den Teig setzen und mit der Hand verschließen.
Mit beiden Händen Knöderl formen, in Sesam rollen und in Olivenöl bei mittlerer Hitze rundherum anbraten.
So bekommen die Knöderl eine leicht knusprige Schale und die aufgeschnittenen Knöderl schauen herrlich aus.
Auch eine entkernte schwarze Olive entfaltet sich in der Mitte des Knöderl bestens. Kombination mit Tomatenreis

Spinat-Ricottanockerl

(Bild Seite 130)

Muskatnuss regt die Gallenproduktion an, deshalb für Leber und Gallepatienten besonders bekömmlich.

Zutaten:

1/2kg Spinat passiert tiefgefroren oder frische Blätter
150g Grieß
(bei Verwendung von frischem Spinat um 50g weniger Grieß verwenden)
100g würziger Pecorino
1/4kg Ricottacheese
100g Mehl
2 Zwiebeln
2 El Sojamehl fett oder 2 Eigelb
1Tl Muskatnuss
1Tl Salz
Pfeffer

BE:ca.17,5

Eher pikanter würzen, da beim Kochen die Masse etwas an Geschmack verliert

Zubereitung:

Bei frischem Spinat, die Blätter kurz blanchieren, mit kaltem Wasser abschrecken und klein hacken.

Den tiefgefrorenen Spinat auftauen.

Den Spinat mit Mehl, Grieß, Eigelb oder Eiersatz, Muskatnuss, Salz und Pfeffer vermengen und für kurze Zeit stehen lassen, damit der Grieß etwas aufquillt.

Die Zwiebeln in dünne Ringe schneiden und in einer Bratpfanne in Olivenöl anbräunen.

Wenn die Spinatmasse fester geworden ist, werden mit zwei Esslöffel, die vorher abwechselnd in heißes Wasser taucht werden, Nockerl ausgestochen und in siedendes Salzwasser gelegt. Wenn die Nockerl oben schwimmen sind sie fertig.

Die fertigen Nockerl legt man auf die Zwiebelringe und bestreut sie mit geriebenen Käse.

Im Backrohr die Nockerl bei Grillstufe kurz überbacken und servieren.

Anstatt Zwiebel auch Tomatensauce mit Basilikum

Teigtaschen mit Kürbiskernen

Kürbiskerne stärken die Prostata und sind seit altersher ein Wurmmittel

Zutaten:
200 g Vollkornmehl
2 Eier oder 2 El Eiersatzpulver
3 El Kürbisöl
3 El Wasser
1/2 Tl Salz

Fülle:
200g Kürbiskerne gehackt
3 Knoblauchzehen
1 El Kürbiskernöl
1 Msp. Fenchel gerieben

BE:10

Zubereitung:
In die Mitte des Mehles eine Grube drücken, Eier, Öl, Salz und Wasser von außen nach innen abmengen, sodass ein geschmeidiger Teig entsteht und 1 Stunde im Kühlschrank rasten lassen.

Knoblauch und Kürbiskerne fein hacken, in etwas Kürbiskernöl anrösten, erkalten lassen und mit etwas Fenchel würzen.

Nudelteig auf bemehlte Fläche so dünn als möglich auswellen, mit einer Tasse oder große rundliche Keksform Formen ausstechen, 1 Tl Fülle in die Mitte setzen und den Teigrand mit Wasser einstreichen.

Entweder ein zweites Teigblatt darauflegen oder die Teigblatthälfte überschlagen, gut rundherum andrücken und mit einem Löffel „radeln".

In kochendem Salzwasser ca. 15 Min. kochen bis sie oben schwimmen.

Braune Butter oder Orangensauce passt zu beiden Füllungen.

Teigtaschen mit Kastanienfülle

Zutaten:
200g Vollkornmehl
2 Eier oder 2 El Eiersatzpulver
1 El Olivenöl
3 El Wasser
1/2 Tl Salz

Fülle:
100 g Kastanien
1 Zwiebel
3 Karotten geraffelt
2 Knoblauch
etwas Olivenöl,
Koriandersamen, Salz
1/2 Becher Rahm oder Sojacreme

BE:ca.12,5

Zubereitung:
Teig wie oben verarbeiten.
Kastanien einmal quer einschneiden und in Wasser ca.10 Min. kochen, von Schale lösen und hacken, mit restlichen Zutaten vermischen.
Weiterverarbeitung ist gleich wie oben.

Topfenbauernknödel S.141

Sauerkrautstrudel mit Orangensoße S.123

Tofubällchen

(Bild Seite 134)

Zutaten:
1/2 kg Tofu
60g Tasse Parmesan (vegan weglassen!)
80g Vollkornmehl
60g geriebene Nüsse
4 El Sojamehl oder 1 Ei
2 El Olivenöl
1 Ei oder Eiersatz
ca. 50g Tasse Sesamkörner zum Wälzen

Gewürze:
6 Knoblauch
4 El Sojasauce
1/2 Bund Petersilie
etwas Chilischote

BE:ca.5,5

Zubereitung:
Tofu zerpflücken, Parmesan, Nüsse, Vollkornmehl, kleingeschnittene Petersilie und Chilischote, gepresste Knoblauchzehen und Sojasoße vermischen.
Ein Ei oder Sojamehl anrühren und unter die Masse rühren.
Kugeln formen und diese in Sesamkörner wälzen, andrücken und bei mäßiger Hitze langsam rundherum Farbe nehmen lassen.

Dazu frische Sommermischsalate servieren, Rezept S.28

Tofu-Sesamlaibchen

Zutaten:
200 g Tofu
2 Zwiebeln
2 gehäufte El. Sojamehl
1 Semmel bzw. 50g Knödelbrot
1/8l Milch oder Wasser
50 g Sesamkörner zum Laibchen wälzen

Gewürze:
1/2 Tl Salz
1/2 Tl Harissa
2 El Tamarisoße

BE:ca.3,5

Verarbeitung:
Tofu mit Gabel zerdrücken.Die Zwiebel hacken und in Öl anrösten.
Semmel in Milch oder Wasser einweichen und ausdrücken.
Tofu, Semmel und Zwiebel vermengen, mit Harissa, Salz, Tamarisoße würzen und mit Sojamehl binden.
Kleine handtellergroße Laibchen formen, in Sesamkörner wälzen und bei schwacher Hitze in Pflanzenöl anbraten.

Diese Laibchen verlangen nach einer Sauce: eventuell Rahmsauce

Paprika bunt gefüllt

(Bild Seite 136)

Zutaten:
1 grüner, 1 gelber, 1 roter Paprika
100g Wildreis mit Vollkornreis gemischt
1 Zwiebel
50g Schafskäse
2 El Pilzpulver
1 Ei oder Eiersatz
100g grob gehackte Nüsse

BE:ca.6

Gewürze:
etwas Sojasoße
Petersilie
Salz und Pfeffer

Sauce:
1/4l Tomatensoße
2 El Gin
1-2 Knoblauchzehen
1 Msp. Cayennepfeffer

Zubereitung:
Den Reis waschen und weich dünsten. Zwiebel klein hacken, mit den gehackten Nüssen anbraten und unter den fertigen Reis mischen.
Den Käse, Pilzpulver sowie Gewürze unter die Reismischung mengen und in die ausgehöhlten Paprika füllen. Die Paprikadeckel mit Zahnstocher zustecken.
Die Tomatensoße aufkochen, mit den Gewürzen abschmecken und die gefüllten Paprika in die Soße stellen.
Bei geringer Hitze ca. 1/2 Stunde weichdünsten.

Tomaten gefüllt

Zutaten:
8 Tomaten
2 Semmeln
2 EL Sojamehl oder 1 Ei
1 Frühlingszwiebel
70g Gorgonzola
1/16l Milch oder Gemüsebrühe
2 El Sesam

Gewürze:
4 Knoblauchzehen
1 El Oregano
etwas Chili
Salz

BE:ca.5

Zubereitung:
Die Semmeln in Milch einweichen.
Die Frühlingszwiebel fein schneiden und mit Oregano, Chili, Ei oder Sojamehl, Salz, zerdrückten Knoblauch und Gorgonzola unter die Semmeln mischen.
Die Tomaten aushöhlen, salzen und die Fülle in die Tomaten füllen.
Mit Sesam bestreuen und im vorgeheizten Rohr bei 200°C ca.40 Minuten backen.

Hirserisotto fügt sich hinzu.

Paprika bunt gefüllt und Tomaten gefüllt S.136

Olivenpastennudeln S.117

Tomaten-Paradieswuchteln

Der Name Paradeiser ist eine Ableitung von Paradiesapfel
Herzhaft würzige Wuchteln zu jeder Jahres- und Tageszeit

Zutaten-Germteig:
300g Mehl glatt oder Vollkornweizenmehl
20g frischer Germ (Hefe) oder1 1/2 Tl Trockengerm
2 Eidotter oder 2 El Sojamehl fett
1/8l lauwarmes Wasser
ca. 1/16l Olivenöl
100g getrocknete Tomaten
1 El Tomatenmark
1-2 Tomaten
Für die Pfanne Olivenöl

Gewürze:
1 1/2Tl Salz
2 El Oregano
15g Zucker

Fülle:
200g Schafskäse oder
1 El Olivenpaste mit 100g Tofu angerührt

BE:16

Zubereitung:

Dampferl: Germ in ein Schüsserl bröseln, mit 1/3 der lauwarmen Milch etwas Mehl und Zucker verrühren und an einem warmen Ort aufgehen lassen.

Warmes Olivenöl mit Salz, Tomatenmark, kleingeschnittene getrockneten Tomaten, Oregano und Dotter oder Sojamehl glattrühren.

Mehl in einen Weidling sieben, in die Mitte eine Mulde drücken und mit Dampferl und Olivenölgemisch abarbeiten bzw. Luft mit einem Kochlöffel hineinschlagen bis er Blasen wirft. Zugedeckt nochmals an einem warmen Ort zu doppelter Größe aufgehen lassen.

Den Teig auf ein bemehltes Brett stürzen, zu einer Rolle formen und ca. 16-20 Stücke abschneiden, 1 Stück Schafskäse auflegen, zusammendrücken, 1x in der gefetteten Reindl ölig rollen und nebeneinander schlichten. Tomaten schmal aufschneiden, auf je einen Wuchtel legen und nochmals aufgehen lassen.

Im vorgeheizten Backrohr bei 180°C ca. 1 Stunde backen.

Braune Butter oder Margarine als Soße oder Spinatsoße

Spinatsoße aus:
1/8 kg passierter Spinat, 1/8 Gemüsebrühe, 1-2 El Rahm
Gewürze:
Muskatnuss, Salz und Pfeffer, 2 Knoblauchzehen

Topfenteiggemüsekuchen

Diese Gemüsetorte schmeckt warm wie kalt

Zutaten-Teig:
125g Topfen (Quark)
150g Vollkornmehl
1 Tl Backpulver
1 Tl Salz
4 El Olivenöl

Guss:
2 Eier oder (Sojacreme mit 1 El Bindemehl verrühren)
1/2 Becher Rahm (saure Sahne)
150g Käse gerieben

Fülle:
2 Zwiebel
2 Tomaten
2 Karotten
1/4kg Champignons
Gemüse wie Karfiol (Blumenkohl) Brokkoli, Lauch, Frühlingszwiebel Fisolen (grüne Bohnen)... nicht zuviel Gemüse sonst wird es matschig
3 Knoblauchzehen
Olivenöl
frisches Stückchen Chili
Salz

BE:10

Kräuter: Estragon, Pimpinelle, Schnittlauch, frischer Anis...

Zubereitung:

Vollkornmehl mit Backpulver, Topfen, Salz und Öl zu einen Teig verarbeiten und für ca. 1/2 Stunde kalt stellen.

Zwiebel ringelig schneiden und in Öl anbraten. Gemüse putzen, in mundgerechte Teile schneiden und samt den blättrig geschnittenen Champignons mit den Zwiebeln kurz durchrösten.

Kräuter fein wiegen und unter die Fülle mischen. Mit Salz, gepressten Knoblauch und fein geschnittenem Chili würzen.

Den Teig backformgroß auswellen, in die Form legen, an den Rändern hochziehen und die Fülle einstreichen. Rahm oder Sojacreme auf der Fülle verteilen und mit Käse bestreuen.

Im vorgeheizten Backrohr bei 180°C auf unterster Schiene ca. 1 Stunde backen.

Vor dem Anschneiden etwas stehen lassen.

Topfenknödel Pikant

Hervorragend geeignet für „leichte" Tage .

Zutaten:
1/2 kg Bauerntopfen (Quark grob)
2 Eier oder Eiersatz
100g Grieß
100g pikanter Paprikaaufstrich
3 El Rahm (saure Sahne)

Gewürze:
1 Bund Schnittlauch
Petersilie, Thymian
3 Knoblauchzehen

BE:6,7

Zubereitung:
Topfen mit Eiern oder Eiersatz, Grieß, Aufstrich, gehackter Petersilie, Thymian, geschnittenem Schnittlauch und gepressten Knoblauchzehen sowie Rahm zu einem geschmeidigen Teig vermengen und etwas stehen lassen.
Knödel formen und im kochenden Salzwasser ca. 30 Minuten quellen lassen- nicht kochen!!

Topfenbauernknödel mit Kürbiskernen

(Bild Seite 133)

Zutaten:
500g Topfen (Quark)
100g Grieß
2 Eier oder Eiersatz
100g Kürbiskerne geröstet
2-3 El Kürbisöl
Salz und Pfeffer
50g Kürbiskerne grob gehackt zum Wälzen

BE:6,7

Zubereitung:
Topfen mit Grieß, Eiern oder angerührten Eiersatz, Salz, Pfeffer und Kürbiskernöl mischen und ca. 1/2 Stunde quellen lassen.

Inzwischen die Kürbiskerne anrösten und reiben.

Die Kürbiskerne unter die Topfenmasse mischen. Mit nassen Händen Knöderl formen und in siedendes Salzwasser für 10 Minuten, eher ziehen als kochen lassen bis sie oben schwimmen.

Kürbiskerne anrösten, grob hacken und die Knödel darin wälzen.

Braune Butter und portugiesische Knoblauchkarotten oder eine riesige Salatschüssel mit allen Genüssen des Sommers!

Wirsingbeutel mit Champignons S.143

Seitanfilets in Walnusspanade S.124

Wirsingbeutel mit Champignons

(Bild Seite 142)

Zutaten:
1 Wirsing
2 Zwiebeln
50g Sojawürfel
1/4kg Champignons
100g Knödelbrot (2 Brötchen)
2 El Sojamehl fett oder 1 Ei
1/16l Milch oder Gemüsebrühe

Soße für Sojawürfel:
2 El Essig
2 El Sojasoße
8 El Wasser

Gewürze:
2 Tl Hefeextrakt Vitam-R
2 El Sojasauce
1/4 Tl Kümmel
1/4 Tl Koriandersamen zerstoßen(besser frisches Kraut)
1/2 Tl Salz, Pfeffer

Soße:
1/8l Weißwein
eventuell 1/2 Becher Rahm
saure Sahne oder Sojacreme

Beilage: 1/2 kg Kartoffel

BE:ca.14

Zubereitung:
Wirsingblätter abtrennen, die Strünke des Wirsings herausschneiden, die Blätter in Salzwasser kurz kochen, herausnehmen und abkühlen lassen.

Sojasoße, Essig und Wasser gemeinsam erhitzen und Sojawürfel darin einweichen. Knödelbrot mit Milch oder Gemüsebrühe begießen und erweichen (nicht ausdrücken).

Zwiebeln klein würfeln, in Öl hellbraun anbraten, klein geschnittene Champignons und Sojawürfel beigeben, kurz durchbraten und abkühlen lassen.

Sojamehl mit etwas Wasser anrühren und mit der Knödelbrotmasse unter die Sojawürfel mischen.

Mit gestoßenen Koriandersamen, Salz, Pfeffer, Hefeextrakt würzen.

Jeweils 2 Wirsingblätter gegengleich überlappend übereinander legen und je nach Blattgröße ca. 2-3 El Füllmasse auf die Blätter legen.

Diese gefüllten Blätter auf ein feuchtes Geschirrtuch legen und das Geschirrtuch um diese Blätter zusammenfalten, pressen und durch Drehen (Wringen) festigen. Diese Tascherl in eine vorgefettete Auflaufform setzen (der Dreh hält die Masse zusammen).

Zwischen den Beuteln geviertelte, geschälte Kartoffeln verteilen, Weißwein zugießen und bei 180°C ca. 1 Stunde mit Alufolie zugedeckt schmoren.

Die letzte Viertelstunde, den verquirlten Rahm dazu und fertig braten.

Wirsingkuchen

Das Kraut braucht Kümmel um Blähungen vorzubeugen

Zutaten - Teig:
120g Topfen
150g Dinkelmehl
3 El Öl
3 El Wasser
2 El Sojamehl fett
1/2 Tl Salz
etwas Semmelbrösel oder
Walnüsse für Teigboden

BE:ca.10,5

Füllung:
1/2kg Wirsing
3 Zwiebel
2 Eier oder Eiersatz
100g Schafskäse oder Gorgonzola
1/2 Becher Rahm oder Sojacreme
1/8l Wasser
1 Gemüsebrühwürfel
1 El Grieß
1Tl Majoran
1 Tl Salz
1 Tl Kümmel

Zubereitung:
Topfen mit Mehl, Öl, Sojamehl, Salz und Wasser zu einen Teig verrühren.
Den Wirsing in feine Streifen schneiden.
Die Zwiebel nudelig schneiden und in Öl anrösten.
Wirsing beigeben, mit Wasser ablöschen und Brühwürfel hinzufügen.
Flüssigkeit abgießen und auskühlen lassen.

Käse krümmeln und unter den Wirsing mischen.
Rahm oder Sojacreme mit Ei oder Eiersatz, Salz, Kümmel, Majoran und Grieß verrühren.

Den Teig auswellen, in eine Teigform legen und an den Rändern hochdrücken.
Etwas Semmelbrösel auf den Teigboden streuen und Wirsing auffüllen.
Mit Rahmguss begießen und im vorgeheizten Rohr bei 180°C ca. 1 Stunde backen.

Zucchinibierteigscheiben

Zutaten-Bierteig:
100g Mehl
1 Ei oder Eiersatz
1/6l Bier
1/2 Tl Salz, etwas Pfeffer

1 mittelgroße Zucchini

BE:6,7

Zubereitung:

Zucchini in ca. 1cm dicke Scheiben schneiden, salzen und pfeffern.

Das Mehl mit Bier, Salz und Ei oder Eiersatz zu einem dickflüssigen Teig verrühren, Zucchinischeiben darin eintauchen und in Pflanzenöl langsam herausbraten.

Die Temperatur zurückdrehen, damit die Zucchini weich werden.

Mit Tomatensalat und eventuell Reis in Olivenöl und den Rest vom Bier austrinken!

Zucchinifrittaten

(Bild Seite 150)

Zutaten:
2-3 mittelgroße Zucchini
50g Mehl
2 El Sojamehl fett oder 1 Ei
1/8l Bier
Salz und Pfeffer
1/4l Pflanzenöl
1 Zitrone

BE:ca.3,3

Zubereitung:

Bier mit Mehl zu einem dünnflüssigen Teig verrühren und mit Salz und Pfeffer würzen.

Pflanzenöl in einem höheren Topf erhitzen.

Mit einem Orangenschäler von den Zucchini der Länge nach lange Streifen schälen. Diese Streifen durch den Bierteig ziehen und im heißen Fett goldbraun braten.

Auf einem vorbereiteten Küchenpapier abtropfen und mit Zitronenspalten anrichten.

Zucchinilasagne mit Olivenpaste

Oregano, wilder Majoran oder auch Dost genannt wirkt magenfreundlich Knoblauch senkt den Blutdruck, ist kreislauffreundlich und bakterienfeindlich. Das Knoblauchöl ist für den Geruch verantwortlich.

Zutaten:
1/2 kg Zucchini
1/2l Milch oder Sojacreme
ca. 10 Lasagneblätter
30g Mehl
2 Esslöffel Olivenpaste
50g geriebener Käse
etwas Olivenöl

Gewürze:
1 El Oregano
2-3 Knoblauchzehen
1 Msp. Muskatnuss
50g geriebener Käse
1 El Margarine
1/2Tl Salz
Pfeffer

BE:ca.17,3

Zubereitung:

Zucchini der Länge nach schneiden und in etwas Olivenöl anbraten.

Anschließend auf ein Küchenpapier legen.

Margarine in einem kleinen Topf erhitzen und das Mehl darin anschwitzen, vom Herd nehmen und mit etwas Milch oder Sojacreme aufgießen, gut mit einem Schneebesen glatt rühren und wieder auf die Herdplatte stellen. Wiederum etwas Milch zugeben und glatt rühren, bis eine dickflüssige cremige Masse entstanden ist.

Nun die Soße mit Muskatnuss, Olivenpaste, Knoblauch, Oregano, Pfeffer und Salz würzen.

Den Käse in der Soße schmelzen und gut verrühren.

Eine Auflaufform mit einer Lage Zucchini belegen, mit gepressten Knoblauch bestreuen, etwas Soße darüberstreichen und mit Lasagneblätter belegen.

Mit einer Lage Zucchini, Soße und Lasagneblätter wiederholen.

Letzte Lage Lasagneblätter mit Soße und mit Käse bestreuen.

Im vorgeheizten Backrohr bei 200°C ca. 40 Minuten backen.

Zucchini-Minzröllchen-Pfanne

(Bild Seite 149)

Das Menthol in der Minze erzeugt einen äußerst erfrischenden Geschmack und regt den Appetit an.

Zutaten:

1 große bzw. lange Zucchini
150-200g geriebenen Käse
ca.10 Blatt gehackte frische Minzblätter
4-5 Zweige frischen Dill
(getrocknetes Kraut ca. 2-3 Tl)
6 gehackte Knoblauchzehen
1/2 Becher Rahm (saure Sahne)
1/8l Weißwein
4 El Mehl
1/2 kg Kartoffeln

BE:ca.10,7

Zubereitung:

Die Kartoffeln in Salzwasser vorkochen.

Zucchini der Länge nach 3-5mm dick aufschneiden und jede Scheibe mit etwas Salz bestreuen.

Alle Kräuter fein hacken, mit Knoblauch und 3/4 des Käses mischen und auf alle Zucchinischeiben gleichmäßig verteilen, aufrollen und mit 1-2 Zahnstochern zusammenstecken.

Die Röllchen in Mehl wälzen und in heißem Olivenöl rundherum anbraten, mit Weißwein ablöschen und etwas einkochen lassen.

Kartoffeln längs halbieren, um die Röllchen legen und mitschmoren.

Nun den Rahm zwischen den Kartoffeln und Röllchen verteilen, restlichen Käse darüberstreuen und noch ein wenig einkochen lassen.

Bei Bedarf mit etwas Wein aufgießen.

Tip: Pfefferminze verliert beim Kochen an typischen Geschmack.

Zucchini-Mohnlaibchen

(Bild Seite 149)

Der schwarze und weiße Mohn scheckt hervorragend,
besitzt keine halluzinogene Wirkung.
Opium wird aus dem Milchsaft der unreifen Kapseln gewonnen.

Zutaten:
1/4kg Zucchini
1 Kartoffeln
100g Vollkornmehl
50g Mohn gemahlen
2 El Sojamehl fett oder 1 Ei
30g Parmesan
30g Semmelbrösel zum Wenden

Gewürze:
1 Tl Salz
1 Prise Kümmel
1 Prise Cayennepfeffer

BE:ca.9

Zubereitung:
Die Zucchini raffeln. In einer Getreidemühle das Mehl mit Mohn reiben und mit Ei oder angerührtes Sojamehl den Zucchini beimischen.

Mit Parmesan, Cayennepfeffer, Salz Kümmel und Parmesan würzen, Laibchen formen und in Semmelbrösel wenden.

Öl in einer Pfanne heiß werden lassen und die Laibchen darin anbraten.

Ein Muss: Tomaten kurz geschmort in Zimtöl Rezept S.172

Zucchinitopfenlaibchen

Zutaten:
1/2 kg Zucchini
100g Grieß
1/8 kg Topfen (Quark)
100g Mozarella
30g Semmelbrösel

Gewürze:
4 Knoblauchzehen
1 Tl Thymian
1 Tl Paprika
Salz und Pfeffer

BE:ca.8,7

Zubereitung:
Die Zucchini reiben und mit Grieß, Topfen, Knoblauch, Thymian, Salz und Pfeffer abmischen, stehen lassen, damit der Grieß quellen kann.

Kleine Laibchen formen, in Semmelbrösel wenden und in Olivenöl anbraten. Zum Schluss mit einer Scheibe Mozarella belegen und noch 5-10 Minuten bei kleiner Hitze braten, damit der Käse schmilzt.

Mit Paprika bestreuen.

Zucchini-Minzröllchen S.147

Zucchini-Mohnlaibchen S.148

Zucchinistrudel S.151

ZucchinifrittenS.145

Zucchinistrudel

(Bild Seite 150)

Als Gästemahl lässt sich dieser Strudel gut vorbereiten.

Zutaten- Teig:
1 1/2 Päckchen Topfen (ca. 370g)
100g Margarine oder Butter
250g Vollkornmehl
1 Ei oder Eiersatz
Salz

BE:12,5

Zutaten- Fülle:
1 kg Zucchini
150g Käse
2 Zwiebeln
1 Ei oder Eiersatz
1 El Oregano
Salz und Pfeffer

Zubereitung:

Zwiebel nudelig schneiden und in Olivenöl anrösten.
Zucchini würfeln und mit den Zwiebeln anbraten.
Mit Oregano, Salz und Pfeffer würzen und die Fülle abkühlen lassen.
Den Käse in kleine Würfel schneiden und mit dem Ei oder Eiersatz unter die abgekühlte Fülle mischen.

Frisch geriebenes Vollkornmehl mit Topfen, Ei oder Eiersatz, Salz und Margarine zu einem Teig verarbeiten.
Den Teig für 30 Minuten in den Kühlschrank stellen.

Auf einem Tuch den Teig auswellen und die Fülle aufstreichen, an den horizontalen Seiten einschlagen und mit dem Tuch den Teig von oben her einrollen.
Den Strudel auf ein mit Backpapier ausgelegten Blech legen.
Im vorgeheizten Rohr bei 180°C ca. 1 Stunde backen.

Ein Tomatensalat französisch mit dem Strudel ist ein Hochgenuss

RezeptS.27

Apfel-Käsetoast

(BIld Seite 152)

Zutaten:
8 Toastbrotscheiben
2 Äpfel
4 Scheiben Käse
1-2 Tl Kren (Meerrettich) gerieben
Margarine BE:10

Zubereitung:

Äpfel schälen, entkernen und in dünne Scheiben schneiden.

Die Toastbrotscheiben mit Margarine bestreichen und mit Apfelscheiben dicht belegen.

Mit Käsescheiben die Äpfel bedecken, mit etwas geriebenen Kren bestreichen und eine Toastscheibe auflegen.

Im vorgeheizten Toaster toasten.

Selbstverständlich gehört ein Klecks Ketchup dazu

Bananensushi

(Bild Seite 152)

Zutaten:
2 Bananen
6 Scheiben Toastbrot
2-3 El Erdnussbutter
100g Frischkäse oder Topfen(Quark) auch Tofu eignet sich
50g Sesam
1 Bund Schnittlauch
1 El Margarine
etwas Salz BE:10

Zubereitung:

Die Toastbrote an den Rändern übereinanderlegen und flach walken. Mit Margarine bestreichen, Sesam aufstreuen und mit der Sesamseite auf ein Silberpapier legen.

Erdnussbutter auf die Toastscheiben streichen und den Frischkäse oder Topfen salzen und ebenfalls aufstreichen.
Den Schnittlauch klein schneiden und auf die Toastbrote dick streuen.
Die Bananen auflegen, einrollen und 2 Stunden in Kühlschrank stellen.

Anschließend mit einem scharfen Messer in Scheiben schneiden.

Bananentoast

(Bild Seite 153)

Ein beliebter Klassiker bei unerwartetem Besuch, basisch, reich an Mineralien

Zutaten:
8 Toastscheiben (je nach Bedarf)
2 Bananen
1 El Erdnussbutter
1 Frühlingszwiebel
1 El Margarine

BE:12

Zubereitung:

Die eine Hälfte der Toastscheiben dünn mit Margarine und die andere Hälften dick mit Erdnussbutter bestreichen.Die Bananen der Länge nach in 4 Teile schneiden und auf die Erdnussbutterscheiben verteilen.

Die ringelig geschnittenen Frühlingszwiebel auf die Bananen streuen und mit dem Margarinetoastdeckblatt belegen.

Im vorgeheizten Doppeltoaster toasten und vor dem Servieren der Quere nach durchschneiden.

Gemüsesulz

(Bild Seite 155)

Eine dekorative erfrischende Sommerjause

Zutaten:
2 Karotten
1/4 Brokkoli
1/4 Kohlrabi
2 El Erbsen
6 Kohlsprossen
1 geh. Tl Agar-Agar
1/2 Wasser
2 El schwarze Ribisel (Johannisbeeren)

Gewürze:
etwas Schnittlauch,
Petersilie
Dill und Estragon
1 El Gemüsebrühwürze
Salz und Pfeffer

Soße:
3 El Balsamicoessig
2 El Kürbiskernöl
1 Tl süßlicher Gewürzsenf

Zubereitung:

Das Gemüse waschen, putzen, würfeln und in Scheiben schneiden.

In Gemüsebrühe kurz knackig kochen, abgießen (Brühe aufheben) und unbedingt mit eiskaltem Wasser abschrecken.

Eine oder mehrere kleinere Puddingform(en) mit kaltem Wasser ausspülen und das Gemüse einfüllen.

Alle Kräuter kleinschneiden.

Die Gemüsebrühe mit Agar Agar nochmals kurz aufkochen, Kräuter, Salz und Pfeffer beigeben und über das Gemüse gießen.

Für mindestens 2 Stunden stocken lassen.

Anschließend die Form in heißes Wasser stellen, damit sich die Sülze besser aus der Form löst, und auf einen Teller stürzen.

Für die Soße:

Balsamicoessig, Kürbiskernöl und Senf verrühren und über die Sülze gießen.

Gemüsesulz S.154

Bananensushi S.152

Apfel-Käsetoast S.152

Kürbiszwiebeltoast S.157

Käsetoast mit Kren
(Käsetoast mit Meerrettich)

Zutaten:
8 Toastbrotscheiben
4 Scheiben Käse
1-2 El Kren gerieben
1-2 El Gewürzsenf
Margarine
Schnittlauch

BE:8

Zubereitung:
Toastbrotscheiben mit Margarine bestreichen, Senf aufstreichen, Kren und Schnittlauch darüber streuen und Käse auflegen.
Im vorgeheizten Toaster toasten.

Kürbiszwiebeltoast

(Bild Seite 156)

Kürbis besteht zu über 90% aus Wasser, wirkt basisch und mit Rosenpaprika gewürzt erwärmt dieser Toast unseren Körper.
Die Zwiebel wirkt verdauungsfördernd, appetitsteigernd, wassertreibend sowie vorbeugend gegen Grippe.

Zutaten:
8 Toastscheiben
250g Kürbis
4 Zwiebeln
2 El Margarine
4 Scheiben Käse

Zubereitung:
Den Kürbis schälen, in 5mm dünne Scheiben schneiden und in einer Pfanne mit Margarine weichbraten.

Zwiebeln fein nudelig schneiden und anbraten.

Mit Paprika, Worchestersoße, Salz und Pfeffer würzen.

Das Toastbrot dünn mit Margarine bestreichen, mit Kürbisspalten belegen und Zwiebel darauf häufen.

Den Käse auf die Zwiebel legen und mit einer Toastscheibe bedecken.

Im Grilltoaster toasten.

Ketchup nicht vergessen!

Pita - Stopfbrottaschen

(Bild Seite 159)

Eine herrlich leichte Jause

Bei der Auswahl der Stopfzutaten sind der Fantasie keine Grenzen gesetzt.

Zutaten:

1 Packung Pita-Brottaschen
100g Schafskäse -für Veganer ohne Käse
Grüne Salatblätter, Radicchiosalat etc.
2-3 Frühlingszwiebeln
Radieschen
1-2 El Olivenpaste
Gurkenscheiben
Chicoreeblätter
eingelegter Brokkoli
Schnittlauch, Pimpinelle, Oregano, Minze nach Geschmack...
Knoblauch
Mayonnaise (Sojanaise)
Sprossen, Kresse ...

Zubereitung:

Die Brote toasten und am Bug mit einem Messer den vorgestanzten Bug einschneiden.

1-2 verschiedene Salatblätter aufeinander legen, mit Schafskäse, Mayonnaise etwas Olivenpaste, Knoblauch, Radieschenscheiben belegen und einschlagen.

Die Packung soll nicht zu dick sein, da sie sonst nicht in den Schlitz passt!

Nun vorsichtig in die Schlitze stopfen.

Beliebige Stücke von Frühlingszwiebel,Gemüsescheiben nach Lust und Laune in die Taschen stecken.

Pita - Stopfbrot S.158

Erbsensalat S.166

Semmelknödelmuffins und Waffel S.161

Hanfaufstrich, Sojaaufstrich und kartoffelkäse S.164

Semmelknödel-Muffin

(Bild Seite 160)

Geeignet für Knödeleinsteiger

Zutaten:
200g Knödelbrot (4 Semmeln)
2 El Sojamehl fett
50g Vollkornmehl oder griffiges Mehl
ca.1/4l Milch oder Gemüsebrühe
1 Msp. Muskatnuss
entweder Muffinform einfetten oder
in Papierformen backen

BE:ca.17,5

Zubereitung:

Knödelbrot in Milch oder Gemüsebrühe einweichen, Sojamehl, Öl und Vollkornmehl unterheben.

Mit Salz, Parmesan und Muskatnuss würzen.

Den Teig in die gefettete Form oder Papierform streichen und im vorgeheizten Rohr ca. 20 Minuten backen.

Sie sollen oben knusprig braun sein.

Semmelknödel-Waffel

(Bild Seite 160)

Zutaten:
ca. 5 große Champignons
1 El Rahm oder Sojacreme
200g Knödelbrot
2 El Sojamehl fett
50g Vollkornmehl
ca. 1/4l Milch oder Gemüsebrühe
1 Msp. Muskatnuss
Petersilie

BE:ca.17,5

Zubereitung:
Petersilie fein hacken, Pilze blättrig schneiden und wie oben alle Zutaten vermengen und portionsweise in das gefettete vorgeheizte Waffeleisen streichen, mit blättrig geschnittenen Pilzen belegen, zuklappen und knusprig braun backen.

Bärlauch-Aufstrich

Bärlauch wirkt blutdrucksenkend

Zutaten:
30g Bärlauch
2 El Topfen (Quark) oder Lopino
100g Margarine

Gewürze:
1/2 Tl geriebener Kümmel
Salz und Pfeffer

Zubereitung:
Bärlauch mit Wiegemesser fein wiegen, mit Salz, Pfeffer und Kümmel würzen und mit Topfen und weicher Margarine verrühren.

Erfrischender Brotaufstrich

Curry-Aufstrich

Zutaten:
100g Margarine
1 Frühlingszwiebeln
Frische Korianderblätter

Gewürze:
Petersilie
1 geh. Tl Curry
1 Spritzer Sojasoße
Salz

Verarbeitung:
Frühlingszwiebeln fein schneiden und frischen Koriander und Petersilienblätter fein wiegen.
Margarine cremig rühren, mit Curry, Sojasoße und Salz würzen. Die Kräuter sowie Frühlingszwiebel unter die Margarinenmasse mengen.

Gorgonzola-Aufstrich

Zutaten:
100g Gorgonzola
150g Topfen (Quark)
1/16l Rahm (saur Sahne)
ein paar ganze Walnüsse zur Dekoration

Gewürze:
2 Knoblauchzehen
1 Spritzer Worchestersoße
Salz und Pfeffer

Zubereitung:

Gorgonzola mit einer Gabel zerdrücken und mit Topfen und Rahm abtreiben. Mit zerdrückten Knoblauchzehen, Worchestersoße, Salz und Pfeffer würzen und mit Walnüssen dekorieren.

Grüner-Aufstrich

Zutaten:
120g Topfen (Quark)
1 El Rahm oder Lopino
1 Essiggurkerl
1 Messl. Johannisbrotkernmehl

Gewürze:
1 Tl Salz
1/2 Tl Kümmel
1/2 Tl Harissa
1 Msp. Kardamon

Petersilie, Pimpinelle, Aniskraut, Wegwarte, Estragon,Dill......viel Grün

Zubereitung:
Das Grün und das Essiggurkerl in der Küchenmaschine fein hacken und mit Topfen, Rahm, Johannisbrotkernmehl, Salz, Kümmel, Harissa und Kardamom verrühren.

Hanf-Aufstrich

(Bild Seite 160)

Zutaten:
30g Hanfsamen
70g Topfen oder Lopino
100g Margarine

Gewürze:
2 Knoblauchzehen
1 Spritzer Worchestersoße
Salz und Pfeffer

Zubereitung:
Hanfsamen mit Knoblauch im Mixer zerkleinern.
Mit Topfen und Margarine verrühren und mit Worchestersoße, Salz und Pfeffer abschmecken.

Kartoffelkäse

(Bild Seite 160)

Zutaten:
200g Kartoffeln
1 Zwiebel
2 El Rahm
30g Margarine

Gewürze:
3 Knoblauchzehen
1 handvoll Kresse
1 Msp. Muskatnuss
Salz und Pfeffer

BE:ca.2,7

Zubereitung:
Kartoffel schälen, in Salzwasser weichkochen und mit einer Gabel zerdrücken.

Zwiebel fein schneiden und die Kresse kleinschneiden.

Margarine und Rahm untermischen und mit zerdrücktem Knoblauch, Salz, Muskatnuss und Pfeffer würzen. Kresse unterrühren.

Pfeffer-Aufstrich

Pfeffer ist das meist verwendete Gewürz der Welt.

Zutaten:
250g Tofu
1/2 Karotte
1 El Walnüsse
1 kleine Zwiebel
1 großer El Margarine

Gewürze:
3 Knoblauch
1 handvoll Kresse
1 Msp. Muskatnuss
Salz und Pfeffer

Zubereitung:
Tofu mit Karotte, Zwiebel, Knoblauch, Walnüsse, Margarine und Salz in der Küchenmaschine cremig zerkleinern und die Pfefferkörner unterrühren.

Pistazien-Aufstrich

Zutaten:
125g Frischkäse
60g Pistazien

Gewürze:
1 Knoblauch
10 grüne Pfefferkörner
Salz

Zubereitung:
Die Pistazien reiben und mit dem Frischkäse, Senf, Paprika, Salz und Pfeffer verrühren.

Soja-Aufstrich

(Bild Seite 160)

Zutaten:
handvoll eingeweichte Sojawürfel
Margarine
1 El Hefeextrakt Vitam-R
1 Lauch
2 El Mayonnaise
3 Knoblauchzehen
Salz und Pfeffer

Gewürze:
1 Tl Senf
1 Msp. Paprika
Salz und Pfeffer
1 El Sojasoße
1/16l Wasser warm

Zubereitung:
Sojawürfel in Sojasoße mit Wasser einweichen und ausdrücken. Lauch, Knoblauch, Margarine und Sojawürfel im Mixer zu einer Creme mixen und mit Mayonnaise, Senf, Paprika, Salz und Pfeffer würzen.

Schabzigerklee-Aufstrich

Zutaten:
1/4 kg Tofu
1 Karotte
1 Stück Sellerie
1 Knoblauchzehe
ca.20 Basilikumblätter

Gewürze:
1Tl Schabizgerklee
etwas frische Chilischote
Salz

Zubereitung:
Karotte, Sellerie, Knoblauch und Basilikum mit dem Mixer fein zerkleinern. Tofu, Schabizgerklee, Chilistück und Salz in den Mixer geben und alles fein mixen.

Tofu-Nussaufstrich

Zutaten:
1/4 kg Tofu
1/8l Rahm (saure Sahne)
ca. 50g oder 4 El Nüsse

Gewürze:
1-2 Tl Salz
1 Msp. Muskatnuss

Zubereitung:
Nüsse fein hacken, mit Rahm und Tofu zu einer cremigen Masse rühren und mit Muskatnuss und Salz würzen.

Tofu-Pilz-Aufstrich

Zutaten:
1/4 kg Tofu
10 eingeweichte chinesische Pilze
1 große Karotte
1/2 Zwiebel

Gewürze:
1 El Sojasoße
Petersilie, Estragon, Zitronen Thymian
3 Tl Johannisbrotkernmehl
Salz und Pfeffer

Zubereitung:
Karotte putzen, schneiden, in Salzwasser weich kochen. Pilze in heißem Wasser einweichen und ausdrücken. Zwiebel, Karotte, Pilze, Kräuter im Mixer fein zerkleinern, mit Salz und Pfeffer würzen und mit Johannisbrotkernmehl dicken.

Chicoree überbacken

Zutaten:
4 Chicoree
150g würziger Käse gerieben

Soße:
50g Mehl
1/8l Milch
1/8l Wasser

Gewürze:
1 Msp.Muskatnuss
Zitronensaft
Worchestersoße
Salz und Pfeffer

Zubereitung:
Chicoree ganz in Salzwasser kurz köcheln und abseihen.
Das Mehl in etwas Öl anschwitzen, mit Milch und Wasser ablöschen, von der Herdplatte nehmen und zu einer glatten Soße rühren.
Mit Muskatnuss, Zitronensaft, Worchestersoße, Salz und Pfeffer würzen.
In eine gefettete Auflaufform die Chicoree schlichten und mit der Soße begießen, geriebenen Käse darüber streuen.

Im vorgeheizten Rohr bei 200°C ca. 15 Minuten überbacken.

Erbsen-Salatgemüse

Eine sehr aromatisches Salatresteverwendung

(Bild Seite 159)

Zutaten:
1/2 kg Erbsen
1 Bund Frühlingszwiebeln (5-6)
1 Häupel Salat (bzw. verschiedene Blattsalatreste)
2 El Margarine oder Butter
2 El Zucker
1/8l Wasser
Salz und Pfeffer

Zubereitung:
Salat in mundgerechte Stücke teilen und Frühlingszwiebel 1x der Länge nach durchschneiden.
Wasser in eine Bratpfanne erhitzen, Salat am Boden verteilen, Erbsen darüberstreuen und mit Frühlingszwiebeln dekorativ belegen.
Margarine oder Butter erhitzen, mit Zucker, Salz und Pfeffer abschmecken und über das Gemüse verteilen.
Zugedeckt ca. 15 Minuten dünsten.

Karotten portugiesisch

In Portugal werden diese Karotten in Restaurants kalt als Starter mit Brot und Butter serviert.

Zutaten:
1/2kg Karotten
15 Knoblauchzehen (auch weniger möglich)
1/16l Olivenöl
Salz

Zubereitung:
Karotten waschen, schälen und in Salzwasser weich dünsten.
Die Knoblauchzehen schälen und fein hacken-nicht pressen!
Die Karotten abgießen, Olivenöl, Salz und Knoblauch untermischen und entweder warm oder als Beigabe zu einer kalten Platte servieren.

Zu Topfenknödel eignen sich diese Karotten hervorragend.

Karotten mit Zitronensaft gedünstet

Zutaten:
1/2 kg Karotten
1 Saft einer halben Zitrone
1 Tl Zucker
etwas Minze

Zubereitung:
Die Karotten schälen, in Scheibchen schneiden und in etwas Salzwasser weich dämpfen.
Das Wasser abgießen und mit Zitronensaft, Zucker, Salz und gehackter Minze würzen.

Eine frische Beilage zu Sojaschnitzel oder Getreidelaibchen.

Aioli

Stammt von Ailho-Knoblauch ab und ist eine Art Knoblauchmayonnaise

Zutaten:
10 Knoblauchzehen
2 Dotter
1/4 Olivenöl
1 El Zitronensaft
Salz und Pfeffer

Veganer pressen nur Knoblauch in eine Sojanaise

Zubereitung:
Knoblauch zerdrücken, mit Dotter, Zitronensaft und Salz verrühren. Anfänglich tropfenweise das Öl mit einem Handrührgerät in die Eimasse mixen und in einem langsamen Strahl das ganze Öl einrühren.

Caponata mio

Mit reschen frischem Ciapattabrot ein Gedicht

Zutaten:
1 Aubergine
1 Zwiebel
1 Selleriestaude
1/4 kg Tomaten
1 grüne Paprika
2 Kartoffeln
1 El Pinienkerne
eventuell mit ein paar Rosinen verfeinern

Gewürze:
1 handvoll Basilikumblätter
ca. 1 geh.Tl Zucker oder Süße
1 El Balsamicoessig
Salz und Pfeffer

BE:2

Zubereitung:
Aubergine schälen, der Länge nach durchschneiden, salzen, stehen lassen und abwaschen. Zwiebel fein ringelig schneiden, mit geschnittenem Sellerie und ausgepressten, geviertelten Tomaten anbraten. Gewürfelte Auberginen und gewürfelte Kartoffeln in Olivenöl anbraten.

Paprika putzen, 1x durchschneiden, im Backrohr backen, bis die Haut Blasen wirft und die Haut abziehen. Alle Gemüse zusammengeben und mit Wasser, Essig, Zucker, Basilikum, Salz und Pfeffer ablöschen, Pinienkerne darüberstreuen und kalt servieren.

Ofenkartoffel mit Dips

Vitamine und Mineralstoffe bleiben in einem Gartopf erhalten.
Außerdem schmecken sie wie aus dem Lagerfeuer.

Zutaten:
1 kg große Kartoffel
Alufolie oder
Keramik-Feuertopf (nicht geeignet für Ceranfelder) BE:10

Zubereitung:
Um den Garprozess mit dem Ofenkartoffeln zu beschleunigen, koche ich im Schnellkochtopf die Kartoffel kurz vor, nämlich einmal aufkochen lassen und die Herdplatte ausschalten und den Topf drauf lassen.

Anschließend Kartoffeln in Alufolie wickeln, in eine mit groben Salz ausgestreuten Pfanne schlichten und ca. 30 Minuten im Backrohr bei 200°C backen.

Inzwischen bereite ich obige Soßen vor. Wenn der Knopf am Schnellkochtopf hineingegangen ist, den Deckel aufmachen und die Kartoffel in Alufolie wickeln und in das vorgeheizte Backrohr legen.

Eine Stunde bei ca. 200°C backen.

Im Potato Topf legt man die Kartoffel ohne Wasser und stellt diese auf den Ofen und nach einer Stunde sind die Ofenkartoffel fertig, die super schmecken. Kreuzweise einschneiden!

Pfeffertop:
Margarine oder Butter mit Salz und
1 El Worchestersoße verrühren und
grünen und roten Pfefferkörner mischen

Gorgonzola Dip:
50g Gorgonzola
100ml Rahm (saure Sahne)
(auch durch Jogurt ersetzbar)
etwas Zitronensaft
Salz und Pfeffer

Avocado-Dip:
1 reife Avocado
Saft 1/2 Zitrone
1 Becher Rahm
Salz etwas Chili
mit einem Mixer glatt rühren

Tomato-Dip:
100ml Mayonnaise
1 El Tomatenmark
1 Tl Gin
Salz und Pfeffer

Rahmdip:
Schnittlauch
1/2 Becher Rahm
1/2 Becher Jogurt
1 Knoblauch
Zitronensaft
Salz und Pfeffer

Kürbis-Kartoffel Püree

Zutaten:
1/2 kg Kürbis
1/2 kg Kartoffel

Gewürze:
2 El Rahm (saure Sahne)
1 Msp. Muskatnuss
Salz und Pfeffer

BE:6,7

Zubereitung:
Kartoffel schälen, würfeln und in Salzwasser weich kochen.
Den Kürbis schälen, würfeln und, da er schnell gar ist, erst später zu den Kartoffeln geben.
Das Kochwasser abseihen und das Gemüse mit Kartoffelstampfer zerquetschen, Milch und Rahm unterrühren, mit Muskat, Salz und Pfeffer würzen.

Reis mit Olivenöl

Olivenöl im Reis duftet nach Meer

Zutaten:
150g Reis
1/16l Olivenöl
1 Tl Salz
Wasser

BE:10

Zubereitung:
Reis in Olivenöl glasig anbraten und mit Wasser aufgießen, salzen und bei niedriger Hitze weich dämpfen.

Süsskartoffelrösti

Zutaten:
1/2kg Süsskartoffel
1/2 Sellerieknolle
1-2 El Mehl
Muskatnuss
Salz und Pfeffer
etwas Nussöl zum Anbraten

BE:ca.8,5

Zubereitung:
Die Süsskartoffel und den Sellerie raffeln und mit Muskatnuss, Salz und Pfeffer würzen. Etwas Mehl darüber stauben, mischen und in Öl langsam anbraten. Nüsse grob hacken und über die Kartoffel streuen.

Röstkartoffel mit Nüssen

Die Inhaltsstoffe der Walnuss sind gut für das Hirn,
daher der Name Studentenfutter

Zutaten:
3/4 kg festkochende Kartoffel
5 Zwiebel
3-4 Knoblauchzehen
2 El (50g) Walnüsse
Kürbiskernöl

Gewürze:
1 Msp. Muskatnuss
Salz und Pfeffer

BE:ca.10,5

Zubereitung:
Die Kartoffel in Salzwasser kochen, schälen und nachdem sie etwas ausgekühlt sind, in Scheiben schneiden.

Die Zwiebel in feine Ringe schneiden und in Kürbiskernöl anrösten.

Walnüsse grob hacken und mit dem gehackten Knoblauch den Zwiebeln beigeben.

Die Kartoffel untermischen, mit Salz, Muskat und Pfeffer würzen.

Wirsing mit Safran

Ein typisches Winteressen mit wärmenden Gewürzen.
Das Kraut braucht Kümmel um Blähungen vorzubeugen!

Zutaten:
1/2 Häupel Wirsing
1 große Zwiebel
1 großer El Rahm (saure Sahne)
1 El Gemüsebrühwürfel

Gewürze:
1/2 El. Safran
1 Msp. Kümmel
1 Msp. Muskatnuss
Salz und Pfeffer

Zubereitung:
Die Zwiebel in etwas Öl anbraten. Strünke aus den Wirsingblättern schneiden und fein nudelig schneiden und mit der Zwiebel kurz anbraten.

Den Brühwürfel in 1/4l Wasser auflösen, Safran, Muskatnuss, und Kümmel beigeben und über den Wirsing gießen.

Mit Salz und Pfeffer würzen und 15-20 Min. dünsten, den Rahm einrühren und nochmals abschmecken.

Tomaten in Zimtöl geschmort

Zimtöl im Kühlschrank aufbewahren. Gibt den Speisen eine besondere Note

1kg Tomaten

Zutaten für 1/8l Öl:
1/8l bestes Olivenöl
2 Nelken
1 Zimtrinde
1/2 Tl Koriandersamen
1/2 Tl Szechuanpfeffer
2 Knoblauchzehen
eventuell 1 El Rahm
Salz

Zubereitung:
Nelken, Zimtrinde, Koriandersamen, Szechuanpfeffer, Knoblauch in Öl anbraten und in ein Aufbewahrungsgefäß gießen.
Tomaten in kochendes Wasser legen, die Haut abziehen und in Stücke schneiden. Nach Belieben Öl in einer Pfanne erhitzen und die Tomaten darin nur kurz schmoren, fertig.

Auch Karotten, Chicoree, Fenchel und Porree baden gerne in Zimtöl

Sojamark Mariniertes

Am Vortag zubereiten!

Marinade für 100g Soja:
1 El Worchestersoße
2 El dunkle Sojasoße
2 El Essig
2 Spritzer Tabasco
1 Tl Zucker
1 Lorbeerblatt
1/8l Wasser

Zubereitung:
Alle Zutaten erhitzen und das Soja kurz aufkochen und im geschlossenem Topf über Nacht stehen lassen.
Am nächsten Tag das Soja nochmals aufkochen und ca. 20 Minuten köcheln lassen. Anschließend den Sud abgießen und das Soja weiterverarbeiten.
Den Sud aufbewahren, entweder wieder als Sojamarinade verwenden oder in Suppen verarbeiten.

Harissa

Eine feurige Paste, die es in sich hat!
Der Gehalt an Capsaicin (Schärfe) in Chili ist erheblich größer als bei Paprika. Dieser Scharfstoff wirkt desinfiszierend und antibakeriell, deshalb wird in heißen Ländern vermehrt mit Chili gewürzt.

Zutaten:
60g getrocknete rote Chilischoten
4 Knoblauchzehen
handvoll getrocknete Minzblätter
1/8l Olivenöl
Olivenöl zum Auffüllen

Gewürze:
20g Koriandersamen
30g Kreuzkümmel
30g Kümmel
60g Salz

Zubereitung:
Beim Verarbeiten der Chilischoten Handschuhe anziehen!
Frische Chilischoten erst in warmen Wasser einweichen.
Die Stiele von den Chilies abbrechen und die Schoten aufschneiden um die Samenkörner zu entfernen und in warmen Wasser einweichen.
Koriandersamen, Kreuzkümmel und Kümmel in einer Pfanne ohne Fett kurz anrösten.
Minzblätter, abgetropfte Chilies, Knoblauch, Kreuzkümmel, Koriandersamen, Kümmel und Salz im Mörser pastig zermahlen.
Mit Olivenöl mischen, in kleine Gläser füllen und mit Olivenöl auffüllen, sodass ein ca. 5mm Olivenölrand entsteht.

Windjammerkonfekt

Wirkt gegen unangenehme Heuler bzw. Blähungen

Zutaten:
100g Kichererbsenmehl
80g Zucker oder Fruchtzucker
100g Margarine

Gewürze:
1 Tl Kümmel
1 Tl Fenchel
1 Tl Anis
1/2 Tl Salz

Zubereitung:
Margarine schmelzen, Kichererbsenmehl einstreuen und ca. 10 Minuten unter ständigem Rühren anrösten.
Kümmel, Anis und Fenchel im Mörser zerstoßen und mit Salz und Zucker unter das Mehl mischen und anrösten.
Die Masse auf eine Alufolie ca. 5mm aufstreichen, kurz auskühlen lassen und in kleine Rauten schneiden.

Register

Osliebia-Verlag

Der Pflanzensprecher

Ethische Betrachtung über pflanzliche Nahrung, Herstellungsarten von Blütenessenzen, können Pflanzen denken und fühlen, der Weg der mentalen Wahrnehmung.

Ortwin Maritsch hat die Fähigkeit entwickelt, die Ausstrahlungen von Pflanzen zu fühlen. Mittels leicht nachzuvollziehender Beispiele vermittelt er, wie sich jeder Mensch dafür sensibilisieren kann. Antworten zum Thema Bewusstsein von Pflanzen und eine genaue Beschreibung über die Herstellungsarten von Blütenessenzen werden gegeben.

114 Seiten, bebildert 12,5 x 18,5 cm
ISBN 3-9501529-0-3 € 12.90

Ortwin Maritsch
Der Seelensprecher

Definition von Geist und Seele, religiöse Standpunkte, spirituelle Werte, Jenseitsmasken.

Dieses Buch beschreibt den geistigen Weg der spirituellen Unabhängigkeit. Die Zusammenhänge und Auswirkungen über die Verantwortung des eigenen Lebens werden nachvollziehbar dargestellt. Der Autor und Maler schöpft aus der Tiefe seiner Seele. Für philosphisch religiös interessierte Menschen.

12,5 x 18,5cm, 122 Seiten,18 Farbbilder
ISBN 3-9501529-1-1 € 14.20

PFLANZENSPRECHER'S

12 Sorten alkoholische Pflanzenauszüge
zur Anwendung in Tropfenform als Nahrungsergänzungsmittel.

Bärlauch, Enzianwurzel, Frauenmantel, Ingwer
Kalmuswurzel,Lavendelblüten, Mariendistelsamen, Mistelkraut
Süßholzwurzel, Thymian, Weißdorn, Zinnkraut.

Aus kontrollierten biologischem Anbau.
Inhalt 50 ml, Blauglas, 40% Alkoholgehalt

Pflanzensprecher's Fluide
Glücksgeist, Sonnenstrahlengeist, Schwunggeist,
Schutzengelgeist, Ursprungsgeist.

Inhalt 50 ml, Blauglas, 25% Alkoholgehalt

Information:www.pflanzensprecher.info